혼자 공부하는

기초 헬라어 문법

혼자 공부하는 기초 헬라어 문법

초판 1쇄 발행 2019년 6월 10일
초판 2쇄 발행 2021년 8월 30일

지은이 김병국
펴낸이 장대윤

펴낸곳 도서출판 대서
등록 제22-2411호
주소 서울시 서초구 방배동 981-56
전화 02-583-0612 / 팩스 02-583-0543
메일 daiseo1216@hanmail.net

디자인 참디자인

ISBN 979-11-86595-52-7 (93230)

* 책 값은 뒤표지에 있습니다.
* 잘못된 책은 교환하여 드립니다.

혼자공부하는

기초 헬라어 문법

김병국 지음

도서출판 대서

PREFACE
머리말

어떤 언어를 공부할 때는 목적이 분명해야 한다: 작문인지, 회화인지, 독해인지. 우리가 헬라어를 공부하는 목적은 헬라어 성경을 읽기 위해서이다. 그 목적을 이루기 위해 우리가 준비해야 할 것은 크게 세 가지이다. 문법의 이해, 단어의 암기, 그리고 독해 연습이다. 이 책은 문법의 이해를 위한 책이다. 그렇기 때문에 다음과 같은 특징을 갖는다.

첫째, 본문에서 문법 설명을 위해 사용하는 단어의 개수를 최소한으로 줄였다. 아주 간단한 단어 몇 개만 알고 있어도 이 책을 이해하는 데 지장이 없도록 했다.

둘째, 문법사항 전체를 자세히 설명하는 것이 아니라 그중 필수적인 것들의 개념을 설명하는 데 초점을 맞추었다. 문법 설명은 최대한 명확하고 간결하게 하려고 노력했다.

셋째, 학습자들이 성취감을 느낄 수 있도록 문법사항을 잘게 쪼개어서 한 번에 하나씩 공부해 나갈 수 있도록 했다. 다른 문법책들이 커다란 케이크라면 이 책은 한 번에 한 입씩 먹도록 잘려져 있는 조각케이크이다. 커다란 케이크는 어디부터 어떻게 잘라 먹어야 할지 고민을 해야 하지만 이 책은 그냥 이 책이 제시하는 대로 한 단위씩 공부해 가면 된다.

넷째, 학습자의 부담을 줄이기 위해 따로 연습문제를 싣지 않았다. 꼭 연습이 필요한 경우에는 한두 개의 예문을 넣고 설명을 곁들였다. 학습자는 일단 그것만 공부하고 다음 단계로 넘어가면 된다.

다섯째, 문법설명을 마친 후 책 뒷부분에는 독해연습을 실었다. 학습자는 그곳의 문장들을 살피면서 앞에서 배운 문법사항들을 복습도 하고 신약성경의 헬라어 문장이 어떻게 이루어져 있는지 엿볼 수도 있을 것이다.

부디 이 책이 하나님의 영광을 위해 사용되기를 바란다.

2019년 3월 30일

김병국 교수

CONTENTS

목차

001 헬라어(=그리스어)의 종류

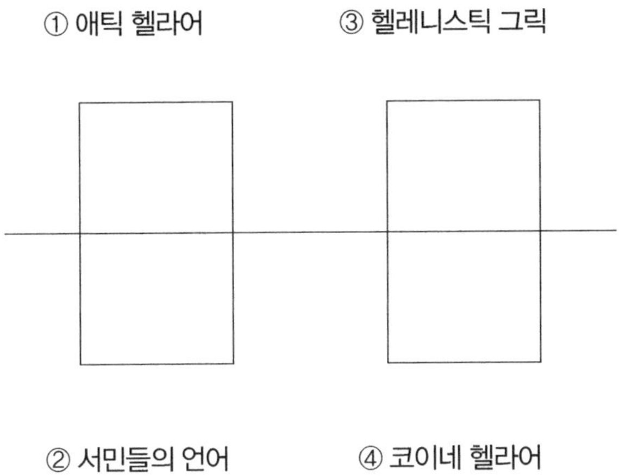

① 애틱 헬라어(Attic Greek): 주전 4,5세기경 소크라테스, 플라톤, 아리스토텔레스 등이 사용하던 고급헬라어이다.

② 애틱 헬라어가 사용되던 당시 서민들의 헬라어: 이에 대해 알 수 있는 자료가 별로 없다.

③ 헬레니스틱 그릭(Hellenistic Greek): 예수님 당시의 고급헬라어이다. 공문서, 고급 문학작품 등에 사용되었다.

④ 코이네 헬라어(Koine Greek): 예수님 당시 일반인들의 헬라어이다. 신약성경 대부분이 코이네 헬라어로 기록되었다.

002 헬라어 알파벳

헬라어 알파벳은 24개로 구성되어 있으며 영어와 마찬가지로 대문자, 소문자가 있다.

Αα Ββ Γγ Δδ Εϵ Ζζ Ηη Θθ Ιι

Κκ Λλ Μμ Νν Ξξ Οο Ππ Ρρ

Σσ(ς) Ττ Υυ Φϕ Χχ Ψψ Ωω

003 헬라어 소문자의 이름과 음가

	이름/음가		이름/음가		이름/음가		이름/음가
α	알파	β	베타	γ	감마	δ	델타
	아(A) *1		ㅂ(B) *2		ㄱ(G)		ㄷ(D)
ϵ	엡실론	ζ	제타	η	애타	θ	쎄타
	단모음 에(e)		ㅈ(Z)		장모음 애(e)		TH
ι	이오타	κ	카파	λ	람다	μ	뮈
	이(i) *1		ㅋ(K)		ㄹ(L)		ㅁ(M) *2
ν	뉘	ξ	크시	ο	오미크론	π	피
	ㄴ(N)		ㅋㅅ *3		단모음 오(O)		ㅍ(P)
ρ	로	σ(ς)	시그마	τ	타우	υ	윕실론
	ㄹ(R) *2		ㅅ(S) *4		ㅌ(T)		위(Y) *1
φ	피	χ	키	ψ	프시	ω	오메가
	ㅍ(F)		ㅋ(Ch) *5		ㅍㅅ(Ps)		장모음 오(O)

* 1 알파(α), 이오타(ι), 윕실론(υ)은 단모음과 장모음의 철자가 같다.
* 2 베타(β), 뮈(μ), 로(ρ)는 쓸 때 아래쪽에서 시작하여 위로 올라간다.
* 3 영어 단어 taxi에서 x가 ㅋㅅ 발음을 모두 가지고 있는 것과 동일하다.
* 4 괄호 안의 형태를 '미형'(꼬리형)이라고 하는데 시그마가 단어 제일 끝에 올 때 사용된다.
* 5 카파의 피읖이 아니라 강한 히읗 소리이다. 훈민정음의 쌍히읗에 해당된다.
  (예: '불을 ㆅㅕ다. → 불을 켜다.')

004 장모음, 단모음

위에서 개별적으로 소개했던 헬라어 장모음과 단모음을 정리하면 다음과 같다.

음가	단모음	장모음
아	α	α
에	ϵ	η
오	ο	ω
이	ι	ι
위	υ	υ

* '에'와 '오'는 단모음일 때와 장모음일 때 철자가 다르다. 그러나 '아', '이', '위'의 경우에는 길게 발음할 때와 짧게 발음할 때 철자가 같다.

005 중모음(diphthong)

중모음	발음	중모음	발음
αι	아이	ϵυ	유
ϵι	에이	ου	우
οι	오이	υι	위
αυ	아우		

* 모음 철자 두 개가 함께 쓰이지만 항상 하나의 음절로 취급되는 것을

중모음(diphthong)이라고 한다. 철자 두 개를 하나의 음절로 취급하기 때문에 악센트 등을 붙일 때도 두 번째 철자 위에 붙인다.

006 헬라어 알파벳 노래

♬ 곡조: 반짝반짝 작은 별

도도	솔솔	라라	솔솔	파파	미미	레레	도도
알파	베타	감마	델타	엡실론	제타	애타	쎄타
α	β	γ	δ	ϵ	ζ	η	θ
A	B	Γ	Δ	E	Z	H	Θ

솔솔	파파	미미	레레	솔솔	파파	미미	레레
이오타	카파	람다	뮈–	뉘–	크시	오미크	론–
ι	κ	λ	μ	ν	ξ	o	
I	K	Λ	M	N	Ξ	O	

도도	솔솔	라라	솔솔	파파	미	미	레	레	도도
피–	로–	시그마	타우	윕실론	피*1	키*2	프시	오메	가–
π	ρ	σ(ς)	τ	υ	φ	χ	ψ	ω	
Π	P	Σ	T	Y	Φ	X	Ψ	Ω	

* 1 커피(coffee)의 f 발음이다.

* 2 훈민정음의 쌍히읗 발음이다. 히읗 발음을 강하게 하는 것이다.

007 헬라어의 대문자 사용

1. 헬라어는 영어와는 달리 문장이 대문자로 시작되지 않는다.
2. 고유명사의 첫 글자는 대문자로 쓴다.
3. 헬라어 성경에서 문단의 첫 글자는 대문자로 쓰였다.

예수님	베드로	바울
Ἰησοῦς	Πέτρος	Παῦλος

008 헬라어 악센트

헬라어에는 어큐트, 그레이브, 서컴플렉스라는 세 가지 형태의 악센트가 있다.

* 알파에 세 가지 악센트를 붙인 예

ά   ὰ   ᾶ

그러나 악센트에 따라 뜻이 달라지는 경우는 매우 드물다.

009 헬라어의 기식(breathing)

1. 헬라어에는 기식(breathing)이라는 것이 있다.
2. 모음 위에 붙는 것인데 강기식(rough breathing)과 약기식(smooth breathing)이 있다.
3. 약기식은 발음에 아무런 변화를 주지 않는다.
4. 모음 위에 강기식이 붙으면 해당 모음 앞에 '히읗'(h)을 붙여서 발음한다.

〈예〉

약기식	강기식
ἀ ἰ ὐ ἐ ὀ	ἁ ἱ ὑ ἑ ὁ
아 이 위 에 오	하 히 휘 헤 호

010 이오타 하기법

1. 장모음 다음에 이오타가 올 경우 이오타를 오른쪽에 두는 대신 장모음 밑에 이오타를 작게 붙이는데 이것을 이오타 하기법 혹은 이오타 부기법이라고 한다.
2. 이것을 '이'로 발음하는 나라가 있고 따로 발음하지 않는 나라가 있는데, 우리나라에서는 따로 발음하지 않는다. 즉 아래의 철자를 그냥 장모음 '아–, 애–, 오–' 로 발음한다.

ᾳ ῃ ῳ

011 헬라어 읽기 연습(1)

ἀνά	ἅμα	διά	ἐκ	ἐνώπιον
아나	하마	디아	에크	에노-피온
κατά	μετά	παρά	πλήν	ὑπέρ
카타	메타	파라	플랜	휘페르

012 헬라어 읽기 연습(2)

마태복음 6:33 상반절

ζητεῖτε	δὲ	πρῶτον	τὴν	βασιλείαν	
재테이테	데	프로-톤	탠	바실레이안	
τοῦ	θεοῦ	καὶ	τὴν	δικαιοσύνην	αὐτοῦ
투	th ㅔ우	카이	탠	디카이오쉬낸	아우투

013 명사의 성(性)

1. 헬라어의 모든 명사는 남성, 여성, 중성 중 하나의 성을 가진다.
2. 대부분의 경우 자연성과 일치하지만 그렇지 않을 때도 있다.
3. 일반적인 경우 끝이 '오스'로 끝나면 남성이고, '아', '애'로 끝나면 여성, '온'으로 끝나면 중성이다.

014 남성명사

남성명사의 예

단어	ἀδελφός	δοῦλος	ἀπόστολος
읽기	아델포스	둘로스	아포스톨로스
뜻	형제	종	사도

015 여성명사

여성명사의 예

단어	ἐκκλησία	καρδία	φωνή
읽기	에클래시아	카르디아	포내
뜻	교회	마음, 심장	소리, 음성

016 중성명사

중성명사의 예

단어	δῶρον	ξύλον	τέκνον
읽기	도론	크쉴론	테크논
뜻	선물	나무	아이

017 명사의 수(數)

1. 헬라어의 명사에는 단수와 복수가 있다.
2. 단수의 성은 복수에서도 그대로 유지된다.

018 명사의 격(格)

헬라어 명사에는 다섯 가지 격이 있다.

격	약자	예
1. 주격	N. nominative	사도 '는'
2. 소유격	G. genitive	사도 '의'
3. 여격	D. dative	사도 '에게'
4. 목적격	A. accusative	사도 '를'
5. 호격	V. vocative	사도 '여!'

019 남성명사의 격변화: 단수

격		어미	예	뜻
주격(N)	...은	ος 오스	δοῦλος 둘로스	종은
소유격(G)	...의	ου 우	δούλου 둘루	종의
여격(D)	...에게	ῳ 오	δούλῳ 둘로	종에게
목적격(A)	...를	ον 온	δοῦλον 둘론	종을
호격(V)	...이여	ε 에	δοῦλε 둘레	종이여!

020 남성명사의 격변화: 복수

격		어미	예	뜻
주격(N)	...들은	οι 오이	δοῦλοι 둘로이	종들은
소유격(G)	...들의	ων 온	δούλων 둘론	종들의
여격(D)	...들에게	οις 오이스	δούλοις 둘로이스	종들에게
목적격(A)	...들을	ους 우스	δούλους 둘루스	종들을
호격(V)	...들이여	οι 오이	δοῦλοι 둘로이	종들이여!

021 남성명사의 격변화 요약

격	단수		복수	
주격(N)	ος	오스	οι	오이
소유격(G)	ου	우	ων	온
여격(D)	ῳ	오	οις	오이스
목적격(A)	ον	온	ους	우스
호격(V)	ε	에	οι	오이

022 헬라어의 각종 변화표들의 처리

1. 헬라어 문법책에 등장하는 표를 모두 외우는 것은 너무 어렵다.
2. 표를 모두 외웠다 해도 막상 문장을 접하면 그것을 활용하지 못한다.
3. 같은 표에 등장한다고 해서 활용가치가 같은 것이 아니다.
   어떤 것은 헬라어 성경에 수백 번 등장하고, 어떤 것은 한두 번 등장한다. 그 두 가지를 같은 시간과 열정을 가지고 외우는 것은 추천할 일이 아니다.
4. 그러므로 헬라어를 공부하다가 표를 만나면 다음과 같이 처리할 것을 권한다.
   첫째: 그 표의 구조를 이해한다. 그 표에서 몇 번째 칸에 단어가 있다는 것이 무엇을 의미하는 것인지는 이해해야 한다. 세세한 부분을 모두 외울 필요는 없다.

둘째: 문장을 연습하면서 문장 속에 등장한 그 변화형만 외운다.

그 변화형이 중요한 것이면 반복해서 등장할 것이고, 그러면 자연히 외워질 것이다.

만약 그것이 중요한 것이 아니라면 성경에 자주 등장하지 않을 것이고, 그것은 굳이 외울 필요가 없는 것이다.

023 여성명사의 격변화: 단수(1)

	격	심장, 마음	
단수	주격, 호격(N/V)	καρδία	아
	소유격(G)	ας	아스
	여격(D)	ᾳ	아
	목적격(A)	αν	안

주격과 호격이 같을 경우 주격과 호격을 함께(N/V) 표시한다.

024 여성명사의 격변화: 단수(2)

	격	언어	
단수	N/V	γλῶσσα	아
	G	ης	애스
	D	ῃ	애
	A	αν	안

025 여성명사의 격변화(단수2) 설명

1. '글로싸'는 그 앞의 '카르디아'처럼 '아'로 끝났지만 '아–아스–아–안'이 아니라 '아–애스–애–안'으로 변화한다.
2. '아'로 끝나는 여성명사 중에는 이렇게 '아–애스–애–안'으로 변화되는 것이 훨씬 많다.
3. 두 변화형 중 어떤 것을 따르는지 구별하는 것은 매우 간단하다. 마지막 '아' 직전의 철자가 '엡실론'이나 '이오타' 혹은 '로'인 경우에만 '아–아스–아–안'으로 변화하고 나머지 경우에는 모두 '아–애스–애–안'으로 변화한다.

   -ϵα,　-ια,　-ρα,
4. '엡실론', '이오타', '로'의 음가를 합하면 '에이르(ϵιρ)'이다.

그래서 '왜 이래 난 안 변해'라고 외운다.

모음이 변하지 않고 '아'가 일관되게 사용된다는 뜻이다: '아–아스–아–안'

026 여성명사의 격변화: 단수(3)

	격	음성, 소리 (여성)	
단수	N/V	φωνή	애
	G	ης	애스
	D	ῃ	애
	A	ην	앤

027 여성명사의 격변화: 단수(4)

	격	선지자 (남성)	
단수	N	προφήτης	애스
	G	ου	우
	D	ῃ	애
	A	ην	앤
	V	α	아

끝이 '태스'로 끝나는 남성명사들은 성이 남성이지만 복수형이 여성명사처럼 변화하기 때문에 편의상 여성명사 격변화에 포함시켜 설명한다.

028 여성명사의 격변화: 복수

복수	N/V	αι	아이
	G	ων	온
	D	αις	아이스
	A	ας	아스

여성명사들은 단수형이 어떻게 변하는 것이건 상관없이 복수는 모두 이 형태를 취한다.

029 여성명사의 격변화 요약

	격	심장, 마음(여성)		언어(여성)		음성, 소리(여성)		선지자(남성)	
단수	N/V	καρδία	아	γλῶσσα	아	φωνή	애	προφήτης	애스
	G	ας	아스	ης	애스	ης	애스	ου	우
	D	ᾳ	아	ῃ	애	ῃ	애	ῃ	애
	A	αν	안	αν	안	ην	앤	ην	앤
	V							α	아
복수	N/V	αι	아이	αι	아이	αι	아이	αι	아이
	G	ων	온	ων	온	ων	온	ων	온
	D	αις	아이스	αις	아이스	αις	아이스	αις	아이스
	A	ας	아스	ας	아스	ας	아스	ας	아스

030 중성명사의 격변화

	아이			
격	단수		복수	
N/V	τέκνον	온	α	아
G	ου	우	ων	온
D	ῳ	오	οις	오이스
A	ον	온	α	아

1. 중성명사의 특징은 단수, 복수 모두 주격과 목적격의 형태가 같다는 것이다.
2. 때로는 성경을 읽을 때 혼란을 일으키는 원인이 되기도 한다.

031 제1,2,3변화명사

1. 헬라어 문법에서는 여성명사를 제1변화명사,
2. 남성명사와 중성명사를 제2변화명사라고 부르고
3. 불규칙한 명사들을 제3변화명사라고 부른다.

032 제3변화명사

1. 제3변화명사는 불규칙한 명사이다.
2. 제3변화명사는 주격을 보고 소유격을 떠올리는 것이 불가능하기 때문에 단어를 외울 때 주격과 소유격을 함께 외워야 한다.
3. 명사의 어미와 성도 서로 연관성이 없기 때문에 각 단어의 성도 따로 외워주어야 한다.

033 제3변화명사의 예

제3변화명사의 예를 들면 아래와 같다.

	격	영, 성령(중성)		남자, 남편(남성)	
단수	N/V	πνεῦμα		ἀνήρ	
	G	πνεύματος	오스	ἀνδρός	오스
	D	πνεύματι	이	ἀνδρί	이
	A	πνεῦμα	아	ἄνδρα	아
복수	N/V	πνεύματα	아	ἄνδρες	에스
	G	πνευμάτων	온	ἀνδρῶν	온
	D	πνεύμασι(ν)	시	ἀνδράσι(ν)	시
	A	πνεύματα	아	ἄνδρας	아스

034 명사의 격변화 연습(1)

지금까지 배운 격변화들을 연습해 보자.

λόγος κυρίου

1. '로고스'는 '로고스' 말씀(남성)의 단수 주격이다.
   '퀴리우'는 '퀴리오스'(κύριος) 주님(남성)의 단수 소유격이다.
   그러므로 뜻은 '주님의 말씀'이다.

2. 헬라어는 소유격이 명사의 뒤에 온다. 따라서 '퀴리우 로고스'라고 하지 않고 '로고스 퀴리우'라고 한다.

035 명사의 격변화 연습(2)

δίδωμι λόγον δούλῳ ἀποστόλου.

동사는 아직 배우지 않았으므로 참고만 하기 바란다.

	원형		변화형	뜻
δίδωμι	δίδωμι	나는 준다	(동사) 현재 1인칭 단수	나는 준다
λόγον	λόγος	말씀	남성 단수 목적격	말씀을
δούλῳ	δοῦλος	종	남성 단수 여격	종에게
ἀποστόλου.	ἀπόστολος	사도	남성 단수 소유격	사도의
해석: 나는 사도의 종에게 말씀을 준다.				

036 헬라어 문장의 구조

1. 영어에서는 문장에서 단어의 순서가 대단히 중요하다.
   Tom loves Jane.과 Jane loves Tom.은 뜻이 전혀 다르다.
2. 하지만 헬라어에서는 각 명사마다 격이 있기 때문에 단어들을 섞어 놔도 뜻이 달라지지 않는다.
3. 다만 강조하고자 하는 단어를 문장의 제일 앞에 놓는다.

037 명사의 격변화 예문

ἐκκλησίᾳ λέγει κύριος λόγον θεοῦ.

주격이 문장의 중간에 들어가 있는 예이다.

	원형		변화형	뜻
ἐκκλησίᾳ	ἐκκλησία	교회	여성 단수 여격	교회에게
λέγει	λέγω	말하다	(동사) 현재 3인칭 단수	(그는) 말한다.
κύριος	κύριος	주님	남성 단수 주격	주님은
λόγον	λόγος	말씀	남성 단수 목적격	말씀을
θεοῦ.	θεός	하나님	남성 단수 소유격	하나님의 *
해석: 주님은 교회에게 하나님의 말씀을 말한다.				

* '하나님의'가 '로곤'의 앞이 아니라 뒤에 붙어서 소유 관계를 나타낸다는 것을 주목하라.

038 관사

헬라어의 관사는 수식하는 명사의 성, 수, 격에 따라 다음과 같이 24개의 형태를 취한다.

	단수			복수		
	남성	여성	중성	남성	여성	중성
주격(N)	ὁ	ἡ	τό	οἱ	αἱ	τά
소유격(G)	τοῦ	τῆς	τοῦ	τῶν	τῶν	τῶν
여격(D)	τῷ	τῇ	τῷ	τοῖς	ταῖς	τοῖς
목적격(A)	τόν	τήν	τό	τούς	τάς	τά

1. 다섯 개의 격 중에서 호격이 빠졌는데 호격 앞에는 관사를 붙이지 않는다.
2. 영어에서도 경찰관을 부를 때 "Officer!"라고 하지 "The officer!"라고 하지 않는다.

039 헬라어 관사 노래

※ 곡조: 산토끼

솔	미	미	솔	미	도	레	미	레	도	미	솔
호	헤	토	호이	하이	타	투	태스	투	톤	톤	톤
ὁ	ἡ	τό	οἱ	αἱ	τά	τοῦ	τῆς	τοῦ	τῶν	τῶν	τῶν

도	솔	도	솔	도	솔	미	솔	레	파	미	레	도
토	태	토	–	토이스	타이스	토이스	톤	탠	토	투스	타스	타
τῷ	τῇ	τῷ		τοῖς	ταῖς	τοῖς	τόν	τήν	τό	τούς	τάς	τά

* 필자가 강의실에서 학생들에게 강의를 할 때는 제일 먼저 헬라어 알파벳 노래와 관사 노래를 각각 두 번씩 부르고 수업을 시작한다. 한 학기 내내 그렇게 한다.

040 관사와 명사의 결합(1)

위에서 보았던 예문들에 관사를 붙여 연습해 보자.

위에서 이미 설명한 문장이므로 관사 외에는 따로 설명하지 않는다.

ὁ λόγος τοῦ κυρίου

1. 아래 관사 표를 보면 '호'는 남성 단수 주격, '투'는 남성 단수 소유격 이다.

2. 해석은 '그 주님의 그 말씀'이다.

	단수			복수		
	남성	여성	중성	남성	여성	중성
주격(N)	**ὁ**	ἡ	τό	οἱ	αἱ	τά
소유격(G)	**τοῦ**	τῆς	τοῦ	τῶν	τῶν	τῶν
여격(D)	τῷ	τῇ	τῷ	τοῖς	ταῖς	τοῖς
목적격(A)	τόν	τήν	τό	τούς	τάς	τά

041 관사와 명사의 결합(2)

δίδωμι τὸν λόγον τῷ δούλῳ τοῦ ἀποστόλου.

1. 아래 표에서 '톤'은 남성 단수 목적격, '토'는 남성 단수 여격, '투'는 남성 단수 소유격이다.
2. 해석은 '나는 그 사도의 그 종에게 그 말씀을 준다.'

	단수			복수		
	남성	여성	중성	남성	여성	중성
주격(N)	ὁ	ἡ	τό	οἱ	αἱ	τά
소유격(G)	**τοῦ**	τῆς	τοῦ	τῶν	τῶν	τῶν
여격(D)	**τῷ**	τῇ	τῷ	τοῖς	ταῖς	τοῖς
목적격(A)	**τόν**	τήν	τό	τούς	τάς	τά

042 관사와 명사의 결합(3)

τῇ ἐκκλησίᾳ λέγει ὁ κύριος τὸν λόγον τοῦ θεοῦ.

1. 아래 표에서 '태'는 여성 단수 여격, '호'는 남성 단수 주격, '톤'은 남성 단수 목적격, '투'는 남성 단수 소유격이다.
2. 해석은 '그 주님은 그 교회에게 그 하나님의 그 말씀을 말한다.'
3. 지금은 처음이라 관사를 '그'로 해석했지만 헬라어에서는 관사를 거의 따로 해석하지 않는다.

	단수			복수		
	남성	여성	중성	남성	여성	중성
주격(N)	**ὁ**	ἡ	τό	οἱ	αἱ	τά
소유격(G)	**τοῦ**	τῆς	τοῦ	τῶν	τῶν	τῶν
여격(D)	τῷ	**τῇ**	τῷ	τοῖς	ταῖς	τοῖς
목적격(A)	**τόν**	τήν	τό	τούς	τάς	τά

043 전치사

* 전치사에 대한 다음의 설명은 필자의 책, "외우기 쉬운 헬라어 단어"(서울: 도서출판 바울, 2012), 3-30쪽에서 발췌한 것이다.

헬라어 전치사는 영어에 비해 복잡하다.

1. 영어는 전치사 다음에 항상 목적격이 오지만 헬라어에서는 소유격, 여격, 목적격이 모두 올 수 있다.
2. 각 전치사는 소유격, 여격, 목적격 중에서 정해진 격(들)의 명사를 받는다.
3. 하나의 격의 명사와만 결합하는 전치사도 있지만 두 개나 세 개의 격들과 결합되는 전치사도 있다. 그럴 경우 명사의 격에 따라 전치사의 뜻이 달라진다.
   이를테면 διά(디아)라는 전치사는 그 뒤에 소유격이 오면 그 뜻이 '… 을 통하여'(through)이지만 목적격이 오면 그 뜻이 '… 때문에'(because of)이다.

044 전치사 암기

1. 그렇기 때문에 전치사의 암기는 상당히 힘들다.
2. 그러므로 아래의 책을 활용하여 헬라어 전치사들을 암기해 주기 바란다.
   * 김병국, 『외우기 쉬운 헬라어 단어(개정판)』(서울: 도서출판 대서, 2021), 10–36쪽.
3. 위에서 소개한 책의 가장 큰 특징 두 가지는 전치사를 외우는 방법이 독특하다는 점과 단어를 연상결합법에 따라 외우도록 했다는 점이다.

4. 좀더 구체적으로 말하자면 소유격은 「소」[牛]로, 여격은 「여성」으로, 목적격은 「나무」[木]로 표시하여 암기하도록 했다.
5. 내용의 일부를 사진 컷으로 준비했으니 참고하기 바란다(위의 책, 3, 4, 43쪽). 헬라어 전치사는 이 책을 통해 암기하는 것이 가장 효과적일 것이라고 생각한다.

영어에서는 전치사 다음에 항상 목적격이 옵니다. 하지만 헬라어에서는 소유격, 여격, 목적격이 모두 올 수 있고 또 각 경우마다 뜻이 다릅니다. 이를테면 διά(디아)라는 전치사는 그 뒤에 명사의 소유격이 오면 그 뜻이 「 … 을 통하여」(through)이지만, 목적격이 오면 「 … 때문에」(because of)입니다. 전치사가 한두 개 정도면 어떻게 해보겠는데 그 수가 워낙 많기 때문에 그것들을 암기하려고 하면 난감하기만 합니다. 헬라어를 공부하려고 첫발을 들여 놓으시는 분들은 한결같이 같은 고민을 할 것입니다. 하지만 방법은 있습니다. 설명은 나중에 하기로 하고 우선 아래의 두 그림을 보십시오.

여러분은 διά(디아)라는 발음을 들으실 때 어떤 단어가 연상되십니까? 저는 「다이아몬드」가 2연상됩니다. 그래서 διά(디아)라는 전치사는 다이아몬드로 표시하기로 합니다. 그리고 소유격은 「소」[牛]로, 여격은 「여성」으로, 목적격은 「나무」[木]로 표시하기로 합니다. 추상적인 것을 구체적인 것으로 바꾸는 것입니다. 위의 그림을 보면 하늘에서 다이아몬드가 떨어져서 소를 관통하고(through) 지나갔습니다. 소가 얼마나 아프겠습니까? 이제 διά(디아)와 소유격하면 어떤 그림이 마음 속에 떠오르십니까? 애써 기억하시려 하지 않아도 벌써 「디아 + 소유격 = … 을 통하여」가 외워졌을 것입니다. 이제 그 옆의 그림을 보십시오. 어떤 나무가 몹시 고통스러운 듯이 눈물을 흘리며 울고 있습니다. 그래서 왜 그렇게 우느냐고 물었더니 「나무에 박혀 있는 다이아몬드 때문」이라고 말합니다. 자, 「다이아몬드 + 나무」는 뭐라고요? 예, 「… 때문에」입니다.

☐ *ἀλλά* (접) 그러나(*δέ*보다 강한 반의어)
201-500 ☞ 알라(「알라」)는 그러나 신이 아니다

☐ *ἀκούω* 내가 듣다(소유격을 취할 수 있고 목적격도 취한다)
201-500 ☞ 「아쿠오」는 「아쿠!」라는 감탄사 「듣다」는 「귀」
그리고 소유격과 목적격은 전치사에서와 마찬가지로 소와 나무로 합니다. 아래의 그림을 보십시오. 한쪽 귀는 소가 뿔로 받고 다른 쪽 귀는 몽둥이로 얻어맞기 때문에 참을 수 없어서 「아쿠!」하고 비명을 지릅니다. 「아쿠 + 소 + 몽둥이=귀(듣다)」.
※ *ἀκοή, ἡ,* (들음, 보고)

☐ *ἁμαρτωλός, ὁ,* 죄인
46-49 ☞ 제9과 *ἁμαρτία* 및 *διδάσκαλος* 참조.

☐ *ἀποκρίνομαι* (dep) 내가 대답하다
201-500 ☞ 내가 포크레인(아「포크리노」마이) 위에서 대답하다.

☐ *ἄρχω* 내가 지배하다(소유격을 취한다), 내가 시작하다(중간태)
81-90 ☞ 소를 알고(「아르코」) 지배하다.
중간에 알고(「아르코」) 시작하다.

045 전치사 총정리

ἀνά

(아나) + 목적격 = … 위로(upwards, up)

(수사와 함께) 각 (each)

ἅμα

(하마) + 여격 = … 과 동시에(at the same time)

… 과 함께(together with)

ἀντί

(안티) + 소유격 = … 대신에, 위하여(instead of, for)

ἀπό

(아포) + 소유격 = … 에게서, … 로부터

ἄχρι, ἄχρις

(아크리), (아크리스) + 소유격 = … 하는 한, … 까지

διά

(디아) + 소유격 = … 을 통하여

\+ 목적격 = … 때문에

ἐίς

(에이스) + 목적격 = … 안으로

ἐκ

(에크) + 소유격 = … 밖으로(모음 앞에서는 ἐξ)

ἐνώπιον

(에노피온) + 소유격 … 앞에, … 면전에

ἐν

(엔) + 여격 = … 안에

ἐπάνω

(에파노) + 소유격 = … 위에, … 위로(over, above)

ἐπί

(에피) + 소유격 = … 위에(over, on), 때에
+ 여 격 = … 위에, … 을 기초하여, … 에서(at)
+ 목적격 = … 위에, … 에게, … 에 대하여(against)

ἔξω

(엑소) + 소유격 = … 의 바깥에(outside)

ἔξωθεν

(엑소쎈) + 소유격 = … 밖에서부터(from without)

ἕως

(헤오스) + 소유격 = … 까지(until), … 하는 한(as far as)

ἕνεκα, ἕνεκεν

(헤네카), (헤네켄) + 소유격 = … 때문에(on account of)

κατά

(카타) + 소유격 = … 에 대하여, … 에 대적하여

+ 목적격 = … 에 의하여, … 에 따라서

(원 뜻은 아래로였다)

μετά

(메타) + 소유격 = … 과 함께

+ 목적격 = … 후에

μέχρι, μέχρις

(메크리), (메크리스) + 소유격 = … 까지(until, as far as)

ὀπίσω

(오피소) + 소유격 = … 뒤에, 후에(behind, after)

παρά

(파라) + 소유격 = … 로부터

+ 여 격 = … 곁에(beside), … 앞에

+ 목적격 = … 곁에, 나란히(alongside of)

πέραν

(페란) + 소유격 = … 건너편에서(on the other side)

περί

(페리) + 소유격 = … 에 대하여

+ 목적격 = … 주위에, … 둘레에

πλήν

(플랜) + 소유격 = … 을 제하고(except)

πρός

(프로스) + 목적격 = … 에게, … 에게로

πρό

(프로) + 소유격 = … 앞에, 전에

σύν

(쉰) + 여격 = … 과 함께

ὑπέρ

(휘페르) + 소유격 = … 을 위하여, 대신하여

+ 목적격 = … 위에

ὑπό

(휘포) + 소유격 = … 로 말미암아

+ 목적격 = … 아래

χωρίς

(코리스) + 소유격 = … 없이, … 를 제외하고, 따로

046 형용사

형용사는 수식해 주는 명사에 따라 성, 수, 격이 변한다.

형용사를 사전에서 찾으면 다음과 같이 나온다.

δίκαιος, α, ον

의로운, 옳은

이것은

δίκαιος, δίκαια, δίκαιον

을 줄인 것으로서 각각 남성, 여성, 중성 명사를 수식할 때 그런 형태로 사용된다는 뜻이다.

047 형용사의 격변화

형용사는 명사와 마찬가지로 성수격에 따라 다른 어미를 갖는다.

ἀγαθός, ή, όν 선한

단수				복수			
	남성	여성	중성		남성	여성	중성
N	ἀγαθός	ἀγαθή	ἀγαθόν	N/V	ἀγαθοί	ἀγαθαί	ἀγαθά
G	ἀγαθοῦ	ἀγαθῆς	ἀγαθοῦ	G	ἀγαθῶν	ἀγαθῶν	ἀγαθῶν
D	ἀγαθῷ	ἀγαθῇ	ἀγαθῷ	D	ἀγαθοῖς	ἀγαθαῖς	ἀγαθοῖς
A	ἀγαθόν	ἀγαθήν	ἀγαθόν	A	ἀγαθούς	ἀγαθάς	ἀγαθά
V	ἀγαθέ	ἀγαθή	ἀγαθόν				

048 형용사의 용법

헬라어 형용사는 다른 언어와 마찬가지로 형용적 용법과 서술적 용법으로 사용된다.

1. 형용적 용법은 명사를 수식하는 것이고: (예) 의로운 종
2. 서술적 용법은 주어를 설명하는 것이다: (예) 그 종은 의롭다.

049 형용사의 용법: 형용적 용법(1)

1. 형용사 앞에 관사가 있을 경우에는 명사를 수식하는 형용적 용법이다.
2. 그 경우 명사 앞에는 관사가 있어도 되고 없어도 된다.
3. 일단 영어와 비슷하게 형용사에는 관사가 있고 명사에는 관사가 없는 경우를 살펴보자. (예: the big house)

* 단수 주격의 경우

남성 단수 주격	ὁ δίκαιος δοῦλος	그 의로운 종
여성 단수 주격	ἡ δίκαια ἐκκλησία	그 의로운 교회
중성 단수 주격	τὸ δίκαιον τέκνον	그 의로운 아이

* 주격 이외의 격

남성 단수 목적격	τὸν δίκαιον δοῦλον	그 의로운 종을
여성 복수 여격	ταῖς δίκαιαις ἐκκλησίαις	그 의로운 교회들에게
중성 복수 소유격	τῶν δίκαιων τέκνων	그 의로운 아이들의

050 형용사의 용법: 형용적 용법(2)

1. 앞에서 제시한 예들에서 명사 앞에 관사를 붙여도 뜻이 같다.

2. 그런데 명사 앞에 관사를 붙일 경우 대개 명사를 형용사 앞에 둔다.

ὁ δίκαιος ὁ δοῦλος	그 의로운 종
ὁ δοῦλος ὁ δίκαιος	
ἡ δίκαια ἡ ἐκκλησία	그 의로운 교회
ἡ ἐκκλησία ἡ δίκαια	
τῶν δίκαιων τῶν τέκνων	그 의로운 아이들의
τῶν τέκνων τῶν δίκαιων	

051 형용사의 용법: 서술적 용법(1)

1. 서술적 용법은 '주어는 ...하다'라고 설명해 주는 것이다.

2. 형용사 앞에 관사가 없고 명사 앞에는 관사가 있을 경우 서술적 용법이다.

ὁ δοῦλος ἐστιν δίκαιος.

그 종은 의롭다.

* '에스틴'은 '...이다'라는 뜻이다. (영어의 is 에 해당)

052 형용사의 용법: 서술적 용법(2)

그런데 헬라어에서는 형용사의 서술적 용법에서 be 동사를 생략해도 된다.

위의 예에서 '에스틴' 없이

ὁ δοῦλος δίκαιος.

라고만 써도 '그 종은 의롭다'라는 뜻이다.

053 형용사의 용법: 서술적 용법(3)

1. 헬라어에서는 어순이 바뀌어도 뜻은 근본적으로 변하지 않는다.
2. 다만 강조하고자 하는 단어를 문장 제일 앞에 둘 뿐이다.
3. 다음의 문장들은 뜻이 모두 같다.

<table>
<tr><td>ὁ δοῦλος ἐστιν δίκαιος.</td><td rowspan="4">그 종은 의롭다</td></tr>
<tr><td>δίκαιος ἐστιν ὁ δοῦλος.</td></tr>
<tr><td>ὁ δοῦλος δίκαιος.</td></tr>
<tr><td>δίκαιος ὁ δοῦλος.</td></tr>
</table>

054 형용사의 용법: 중국어와 비교

1. 헬라어 형용사의 서술적 용법에서 be 동사가 없어도 된다고 하면 학생들이 의아하게 생각한다. 그런데 중국어에서도 형용사 앞에서 be 동사를 생략한다.
2. 중국어의 be동사는 옳을 시(是)자이다. 그래서 '나는 학생입니다'라고 하려면 '워 스 쉐성'(我是學生. 我=나, 是=...이다, 學生=학생)이라고 해야 한다.
3. 하지만 형용사를 써서, 이를테면, '당신은 참 아름답군요'라고 할 때는 '니 헌 피아오량'(你很漂亮. 你=당신은, 很=대단히, 漂亮=아름답다)이라고 하면 된다. '니 스 헌 피아오량'(你是很漂亮.)이라고 하지 않는다.

055 형용사의 용법: 양쪽 모두 관사가 없을 때

형용사와 명사 모두에 관사가 없을 때는 문맥에 따라 판단한다.

δοῦλος δίκαιος

이것은 '의로운 종'도 될 수 있고 '종은 의롭다'도 될 수 있다.

정확한 뜻은 문맥에 따라 결정된다.

056 형용사의 용법: 관사 + 형용사 = 일반명사

1. 형용사 앞에 관사가 있고 명사가 생략되어 있을 때는 일반명사가 된다.
2. 즉 ὁ δίκαιος는 '의로운 남자' 혹은 '의로운 사람'이 된다.
3. 영어에서 the rich를 '부자'로 해석하는 것과 같다.

057 형용사의 용법 정리

용법	설명	예	해석
형용적 용법	형용사 앞에 관사 있음	ὁ δίκαιος δοῦλος	그 의로운 종
		ὁ δοῦλος ὁ δίκαιος	
서술적 용법	형용사 앞에 관사 없음	ὁ δοῦλος ἐστιν δίκαιος.	그 종은 의롭다.
		ὁ δοῦλος δίκαιος.	
양쪽 모두 관사 없음	문맥에 따라 판단	δοῦλος δίκαιος	종은 의롭다. 혹은 의로운 종
관사 + 형용사	일반 명사로 해석	ὁ δίκαιος	의인

059 헬라어의 구두점

	헬라어	영어
1	□.	.
2	□,	,
3	□·	:, ;
4	□;	?

* 헬라어 3번의 구두점은 칸 위쪽에 점을 하나 찍은 형태이다. 영어의 콜론(:) 혹은 세미콜론(;)에 해당한다.

059 인칭대명사: 1인칭

		1인칭		
단수	N	ἐγώ	에고	나는
	G	μου (ἐμοῦ)	무	나의
	D	μοι (ἐμοί)	모이	나에게
	A	με (ἐμέ)	메	나를
복수	N	ἡμεῖς	해메이스	우리는
	G	ἡμῶν	해몬	우리의
	D	ἡμῖν	해민	우리에게
	A	ἡμᾶς	해마스	우리를

1. ( ) 안은 강세형이다. 강조할 때 사용된다.

2. 전치사 다음에는 무조건 강세형이 사용된다.

060 인칭대명사: 2인칭

		2인칭		
단수	N	σύ	쉬	너는
	G	σου (σοῦ)	수	너의
	D	σοι (σοί)	소이	너에게
	A	σε (σέ)	세	너를
복수	N	ὑμεῖς	휘메이스	너희는
	G	ὑμῶν	휘몬	너희의
	D	ὑμῖν	휘민	너희에게
	A	ὑμᾶς	휘마스	너희를

062 인칭대명사: 3인칭

		3인칭					
		남성		여성		중성	
단수	N	αὐτός	그는	αὐτή	그녀는	αὐτό	그것은
	G	αὐτοῦ	그의	αὐτῆς	그녀의	αὐτοῦ	그것의
	D	αὐτῷ	그에게	αὐτῇ	그녀에게	αὐτῷ	그것에게
	A	αὐτόν	그를	αὐτήν	그녀를	αὐτό	그것을
복수	N	αὐτοί	그들은	αὐταί	그녀들은	αὐτά	그것들은
	G	αὐτῶν	그들의	αὐτῶν	그녀들의	αὐτῶν	그것들의
	D	αὐτοῖς	그들에게	αὐταῖς	그녀들에게	αὐτοῖς	그것들에게
	A	αὐτούς	그들을	αὐτάς	그녀들을	αὐτά	그것들을

062 인칭대명사: 종합

		1인칭	2인칭	3인칭		
				남성	여성	중성
단수	N	ἐγώ	σύ	αὐτός	αὐτή	αὐτό
	G	μου (ἐμοῦ)	σου (σοῦ)	αὐτοῦ	αὐτῆς	αὐτοῦ
	D	μοι (ἐμοί)	σοι (σοί)	αὐτῷ	αὐτῇ	αὐτῷ
	A	με (ἐμέ)	σε (σέ)	αὐτόν	αὐτήν	αὐτό
복수	N	ἡμεῖς	ὑμεῖς	αὐτοί	αὐταί	αὐτά
	G	ἡμῶν	ὑμῶν	αὐτῶν	αὐτῶν	αὐτῶν
	D	ἡμῖν	ὑμῖν	αὐτοῖς	αὐταῖς	αὐτοῖς
	A	ἡμᾶς	ὑμᾶς	αὐτούς	αὐτάς	αὐτά

063 동사의 직설법

1. 동사에는 여러 가지 활용법이 있다: 직설법, 명령법, 분사, 부정사, 가정법 등.
2. 그중에서 해석할 때 마지막이 '...다'로 끝나는 것을 직설법이라고 한다.
   예) 나는 먹는다. 나는 먹을 것이다. 나는 먹었다.

* 참조 부정법: 먹는 것, 먹기 / 분사: 먹으면서 / 명령법: 먹어라!
  이것들은 모두 '다'로 끝나지 않는다.

064 직설법의 여섯 가지 시제(tense)

1. 헬라어 동사에는 여섯 가지 시제가 있다.
2. 현재(present), 미래(future), 완료(perfect), 미완료과거(imperfect), 부정과거(aorist), 과거완료(pluperfect)가 그것이다.

065 현재(present)

1. 현재는 현재의 동작을 나타낸다.
2. 헬라어에서는 현재진행형이 따로 없다. 현재형이 단순한 현재형 혹은 현재진행형으로 모두 해석될 수 있다.

   예) 나는 '노래한다.' 나는 '노래하고 있다.'
3. 둘 중 어떤 것이 정확한 의미인지는 문맥을 통해 파악해야 한다.

066 미래(future)

1. 미래는 미래의 동작을 나타낸다.

   예) 나는 '노래할 것이다.'
2. 헬라어에서는 가끔 미래형이 명령의 의미를 갖는다.

   영어에서도 그런 경우가 있다.

067 영어의 단순미래와 의지미래

	will	shall
1인칭	① 의지미래	② 단순미래
2인칭	③ 단순미래	④ 의지미래
3인칭		

① 1인칭 + will = 의지미래

예) I will be a teacher. (나는 선생님이 될 거에요.)

어떤 아이에게 장래 희망을 묻자 그 아이가 대답하는 말이다.

내가 열심히 노력해서 선생님이 되고야 말겠다는 뜻이다.

② 1인칭 + shall = 단순미래

예) I shall be a butterfly. (나는 나비가 될 거에요.)

나비 애벌레에게 장차 무엇이 될 거냐고 묻자 대답하는 말이다.

이미 정해져 있는 미래에 대해 단순히 설명하는 말이다.

③ 2,3인칭 + will = 단순미래

예) He will die tonight. (그는 오늘 밤 죽을 겁니다.)

의사에게 위독한 환자의 상태를 묻자 대답하는 말이다.

의학적 측면에서 환자가 오늘 밤에 죽을 것 같다는 단순한 사실을 지적하는 말이다.

068 미래(future)가 명령형으로 사용되는 경우

④ 2,3인칭 + shall = 의지미래

예) He shall die tonight. (그는 오늘 죽게 될 거다.)

1. 조직폭력집단 중에서 배신자가 발생했다는 소식이 들렸다. 그래서 모든 조직원들이 한 자리에 모였다. 침통한 표정들을 짓고 있던 두목이 드디어 부두목에게 이렇게 말했다.
   'He(배신자) shall die tonight.'
2. 이 문장의 표면적 형태는 미래형이지만 실제로는 부두목에게 '너 오늘 밤에 그 녀석을 죽여라'라고 명령을 한 것이다.
3. 헬라어의 미래형이 명령의 의미를 띠게 되는 것은 이런 경우와 유사하다.

069 완료(perfect)

헬라어의 완료형은 대개 다음 두 가지 경우에 사용된다.

① 어떤 일이 과거부터 지금까지 지속되고 있는 경우

예) 삼일째 계속 비가 '내리고 있다.' (이 때 '내리고 있다'는 완료형)

② 어떤 일의 결과가 지금까지 영향을 나타내고 있을 경우

예) 삼일 전에 '꾼' 무서운 꿈 때문에 그는 아직도 두려워하고 있다.

(이 때 '꾼'은 완료형)

070 미완료과거(imperfect)

미완료과거는 영어의 과거진행형이다.

예) 그는 그 때 '노래를 부르고 있었다.'

071 부정과거(aorist)

1. 부정과거는 과거의 단회적 동작을 나타낸다.
2. 완료형과는 달리 동작이 현재까지 이어지지 않고 현재에 별 영향을 미치지 않는다.
3. 미완료과거와는 달리 과거에 계속 이루어졌던 행동이 아니다.

예) 그는 호수에 돌을 '던졌다.' (별다른 결과 없이 한 번 돌을 던진 것으로 끝난 경우)

072 과거완료(pluperfect)

1. 과거완료는 완료와 비슷하다.

2. 단 기준시점이 현재가 아니라 과거의 어느 때가 된다.

* 완료: 삼일째 비가 내리고 있다. (오늘이 기준)

* 과거완료: 작년 성탄절까지 삼일간 '눈이 왔었다.' (과거인 성탄절이 기준)

073 능동태, 수동태, 중간태

① 능동태: 주어의 동작이 다른 것에 영향을 미칠 때

(엄마가 아기를 씻어준다)

② 수동태: 주어가 다른 것의 동작에 의해 영향을 받을 때

(아기가 엄마에 의해 씻김을 당한다.)

③ 중간태: 주어의 동작이 주어 자신에게 영향을 미칠 때

(엄마가 자신의 얼굴을 씻는다.)

074 직설법의 변화형

1. 동사의 어미가 각 시제의 능동태, 수동태, 중간태에서 어떻게 변화하는지 살펴볼 것이다.
2. 아래의 표를 '십자표'라고 한다. 중앙의 가로와 세로 선이 십자 형태를 띠기 때문이다.
3. 헬라어에서는 현재, 미래, 완료를 제1시상이라고 하고, 미완료과거, 부정과거, 과거완료를 제2시상이라고 한다. 제2시상은 동사 앞부분에 '엡실론'을 붙인다.

<table>
<tr><th colspan="4">제1시상</th><th colspan="4">제시2상</th></tr>
<tr><th>현재
(present)</th><th colspan="2">미래
(future)</th><th>완료
(perfect)</th><th>미완료과거
(imperfect)</th><th colspan="2">부정과거
(aorist)</th><th>과거완료
(pluperfect)</th></tr>
<tr><td>A
능동태</td><td colspan="2">C
능동태</td><td>F
능동태</td><td>H
능동태</td><td colspan="2">J
능동태</td><td>M
능동태</td></tr>
<tr><td>B
중간태
수동태</td><td>D
중간태</td><td>E
수동태</td><td>G
중간태
수동태</td><td>I
중간태
수동태</td><td>K
중간태</td><td>L
수동태</td><td>N</td></tr>
</table>

* N에 해당하는 과거완료 중간태, 수동태는 신약성경에 등장하지 않는다.

075 A. 현재 능동태 변화형

헬라어 동사들 중 가장 짧고 간단한 λύω 동사를 예로 사용하기로 한다.

λύω 풀다

단수(sg.)	1인칭	λυω	오	나는 푼다
	2인칭	-εις	에이스	너는 푼다
	3인칭	-ει	에이	그는 푼다
복수(pl.)	1인칭	-ομεν	오멘	우리는 푼다
	2인칭	-ετε	에테	너희는 푼다
	3인칭	-ουσι(ν)	우시	그들은 푼다

1. 위의 예에서 변하지 않는 부분 '뤼'를 '어간'이라고 하고, 변하는 부분 '오, 에이스, 에이' 등을 '어미'라고 한다.
2. 3인칭 단수에는 남성, 여성, 중성이 모두 포함된다.
3. 그런데 헬라어에서는 남성을 '대표성'으로 취급하기 때문에 남성형을 사용하여 '그는 푼다'로 해석했다. 헬라어 성경에서 '형제들아!'라고 하는 경우 거기에는 남성, 여성이 모두 포함된다.
4. 현재형은 현재진행형으로도 해석할 수 있다. 따라서 위의 예들은 '나는 풀고 있다', '너는 풀고 있다' 등으로 해석해도 된다.
5. 3인칭 복수어미는 '우시'로도 사용되고 '우신'으로도 사용된다. 이런 경우의 '뉘'를 정해지지 않은 '뉘'라고 해서 '부정 뉘'라고 한다.

076 A. 현재 능동태 변화형 연습(1)

마가복음 8:24 중에서 눈을 뜬 소경의 고백이다.

βλέπω τοὺς ἀνθρώπους

	설명	해석
βλέπω	βλέπω '내가 보다' 의 현재 능동태 직설법 1인칭 단수 뜻 '내가 보다' *1	내가 본다.
τοὺς	관사 남성 복수 목적격	그
ἀνθρώπους	ἀνθρώπος '사람' 의 남성 복수 목적격	사람들을
전체해석: 나는 (그) 사람들을 본다. *2		

* 1 위에 적힌 것과 같은 동사의 설명을 '동사분석' 혹은 '파싱'(parsing) 이라고 부른다.
* 2 관사의 해석 '그'를 괄호 안에 넣은 것은 반드시 해석할 필요는 없다는 뜻이다.

077 A. 현재 능동태 변화형 연습(2)

ὁ ἀπόστολος λέγει τὸν λόγον.

	설명	해석
ὁ	관사, 남성 단수 주격	그
ἀπόστολος	ἀπόστολος '사도' 의 남성 단수 주격	사도는
λέγει	λέγω '내가 말하다' 의 현재 능동태 직설법 3인칭 단수 '그가 말하다'	말한다.
τὸν	관사, 남성 단수 목적격	그
λόγον.	λόγος '말씀' 의 남성 단수 목적격	말씀을
전체해석: (그) 사도는 (그) 말씀을 말한다.		

078 A. 현재 능동태 변화형 연습(3)

βλέπομεν τὸν δοῦλον τοῦ κυρίου.

	설명	해석
βλέπομεν	βλέπω '내가 보다' 의 현재 능동태 직설법 1인칭 복수 '우리는 본다'	우리는 본다
τὸν	관사, 남성 단수 목적격	그

δοῦλον	δοῦλος '종' 의 남성 단수 목적격	종을
τοῦ	관사, 남성 단수 소유격	그
κυρίου.	κυρίος '주님' 의 남성 단수 소유격	주님의
전체해석: 우리는 (그) 주님의 (그) 종을 본다.		

079 B. 현재 수동태(중간태) 변화형

λύω 풀다

단수(sg.)	1인칭	λυομαι	오마이	나는 풀린다.
	2인칭	-ῃ	애	너는 풀린다.
	3인칭	-εται	에타이	그는 풀린다.
복수(pl.)	1인칭	-ομεθα	오메싸	우리는 풀린다.
	2인칭	-εσθε	에스쎄	너희는 풀린다.
	3인칭	-ονται	온타이	그들은 풀린다.

* 현재 수동태와 현재 중간태는 어미형태가 같다. 그렇기 때문에 '나는 풀린다'를 '나는 나 자신을 푼다'로 해석해도 된다.

080 현재 수동태(중간태) 변화형 연습

λύονται οἱ δοῦλοι ὑπὸ τοῦ ἀνθρώπου.

	설명	해석
λύονται	λύω '내가 풀다' 의 현재 수동태 직설법 3인칭 복수 '그들이 풀리고 있다'	(그들이) 풀리고 있다.
οἱ	관사, 남성 복수 주격	그
δοῦλοι	δοῦλος '종' 의 남성 복수 주격	종들이
ὑπὸ	전치사, + 소유격 = ...에 의하여	...에 의하여
τοῦ	관사, 남성 단수 소유격	그
ἀνθρώπου.	ἀνθρώπος '사람' 의 남성 단수 소유격	사람의
전체해석: (그) 사람에 의하여 (그) 종들이 풀리고 있다. *		

* 그냥 '풀린다'라고 해석해도 되지만 현재형은 현재진행형으로 해석해 도 되기 때문에 좀 더 자연스럽게 '풀리고 있다'로 해석했다.

081 전치사 다음에 나오는 명사의 격

'전치사 다음에 나오는 명사의 격은 그 격의 원래의 의미를 상실한다.'

ὑπὸ τοῦ ἀνθρώπου.

1. 위의 문장에서 '투 안쓰로푸'는 소유격이므로 그 원래의 의미는 '사람의'이다.
2. 그러나 '사람'이 소유격으로 사용된 것은 그 앞에 나오는 전치사가 명사의 소유격을 요구하기 때문이다.
3. 그런데 '전치사 다음에 나오는 명사의 격은 그 격의 원래의 의미를 상실한다.'
4. 여기서는 '...의'라는 소유격의 의미를 상실한다. 그래서 '사람'은 전치사의 의미('...에 의해')와 결합하여 '사람에 의해'로 해석된다.

082 미래 능동태 변화형

λύω 풀다

단수(sg.)	1인칭	λυσω	소	나는 풀 것이다.
	2인칭	-σεις	세이스	너는 풀 것이다.
	3인칭	-σει	세이	그는 풀 것이다.
복수(pl.)	1인칭	-σομεν	소멘	우리는 풀 것이다.
	2인칭	-σετε	세테	너희는 풀 것이다.
	3인칭	-σουσι	수시	그들은 풀 것이다.

* 미래 능동태 변화형은 현재 능동태 변화형 어미 앞에 '시그마'를 덧붙인 형태이다. 즉 '오, 에이스, 에이' 대신에 '소, 세이스, 세이'가 되었다.

083 C. 미래 능동태 변화형 연습

λύσεις τοὺς δούλους τοῦ ἀνθρώπου.

	설명	해석
λύσεις	λύω '내가 풀다' 의 미래 능동태 직설법 2인칭 단수 '너는 풀 것이다'	너는 풀 것이다.
τοὺς	관사, 남성 복수 목적격	그
δούλους	δοῦλος '종' 의 남성 복수 목적격	종들을
τοῦ	관사, 남성 단수 소유격	그
ἀνθρώπου.	ἄνθρωπος '사람' 의 남성 단수 소유격	사람의
전체해석: 너는 (그) 사람의 (그) 종들을 풀어줄 것이다.		

084 D. 미래중간태 변화형

λύω 풀다

단수 (sg.)	1인칭	λυσομαι	소마이	나는 나 자신을 풀 것이다.
	2인칭	-σῃ	새	너는 너 자신을 풀 것이다.
	3인칭	-σεται	세타이	그는 그 자신을 풀 것이다.

복수 (pl.)	1인칭	-σομεθα	소메싸	우리는 우리 자신을 풀 것이다.
	2인칭	-σεσθε	세스쎄	너희는 너희 자신을 풀 것이다.
	3인칭	-σονται	손타이	그들은 그들 자신을 풀 것이다.

* 미래중간태 변화형은 현재중간태 변화형 어미 앞에 '시그마'를 덧붙인 형태이다. 즉 '오마이' 대신에 '소마이'가 되었다.

085 D. 미래중간태 변화형 연습

λύσεται ὁ δοῦλος.

	설명	해석
λύσεται	λύω '내가 풀다' 의 미래 중간태 직설법 3인칭 단수	그가 그 자신을 풀 것이다.
ὁ	관사, 남성 단수 주격	그
δοῦλος.	δοῦλος '종' 의 남성 단수 주격	종은
전체해석: 그 종이 자신을 풀 것이다.		

086 E. 미래 수동태 변화형

λύω 풀다

단수(sg.)	1인칭	λυθησομαι	쌔소마이	나는 풀려날 것이다.
	2인칭	-θησῃ	쌔새	너는 풀려날 것이다.
	3인칭	-θησεται	쌔세타이	그는 풀려날 것이다.
복수(pl.)	1인칭	-θησομεθα	쌔소메싸	우리는 풀려날 것이다.
	2인칭	-θησεσθε	쌔세스쎄	너희는 풀려날 것이다.
	3인칭	-θησονται	쌔손타이	그들은 풀려날 것이다.

1. 미래 수동태 어미는 앞에서 살핀 미래중간태 어미 앞에 'θη'를 덧붙인 것이다.
2. 현재중간태 어미에 '시그마'를 붙이면 미래중간태 어미가 되고, 다시 거기에 'θη'를 덧붙이면 미래 수동태 어미가 되기 때문에 세 가지를 각각 외울 필요는 없다.

087 E. 미래 수동태 변화형 연습

λυθήσονται οἱ δοῦλοι ὑπο τοῦ κύριου.

	설명	해석
λυθήσονται	λύω '내가 풀다' 의 미래 수동태 직설법 3인칭 복수 '그들이 풀릴 것이다'	그들이 풀려날 것이다.
οἱ	관사, 남성 복수 주격	그
δοῦλοι	δοῦλος '종' 의 남성 복수 주격	종들은
ὑπο	전치사, + 소유격 = ...에 의해서	...에 의해서
τοῦ	관사, 남성 단수 소유격	그
κύριου.	κύριος '주님' 의 남성 단수 소유격	주님의
전체해석: 그 종들은 주님에 의해서 풀려날 것이다.		

* '휘포 투 퀴리우'에서 '투 퀴리우'를 '주님의'라고 해석하지 않는 이유는 '전치사 다음에 나오는 명사의 격은 그 격의 원래의 의미를 상실한다'라는 원칙 때문이다. '...의'라는 소유격의 의미는 없어지고 전치사와 함께 해석된다.

088 F. 완료 능동태 변화형

λύω 풀다

단수(sg.)	1인칭	λελυκα	렐뤼카	나는 풀었다.
	2인칭	-κας	카스	너는 풀었다.
	3인칭	-κε(ν)	케 (켄)	그는 풀었다.
복수(pl.)	1인칭	-καμεν	카멘	우리는 풀었다.
	2인칭	-κατε	카테	너희는 풀었다.
	3인칭	-κασι(ν)	카시 (카신)	그들은 풀었다.
		-καν	칸	

1. 괄호 안에 있는 것은 '뉜'을 넣어 사용하는 경우도 있다는 뜻이다.
2. 어근이 '뤼'가 아니라 '렐뤼'가 된 것은 '동사의 첫 자음'과 '엡실론'을 어두에 붙이는 것이 완료형의 특징이기 때문이다. 모음은 항상 엡실론이고 그 앞에 붙는 자음은 단어에 따라 다르다. 즉 '뮈'로 시작되는 동사에는 '메'가 붙고 '베타'로 시작되는 동사에는 '베'가 붙는다.

089 F. 완료 능동태 변화형 연습

λέλυκα τὸν δοῦλον.

	설명	해석
λέλυκα	λύω '내가 풀다' 의 완료 능동태 직설법 1인칭 단수 '내가 풀었다'	나는 풀었다.
τὸν	관사, 남성 단수 목적격	그
δοῦλον.	δοῦλος '종' 의 남성 단수 목적격	종을
전체해석: 나는 그 종을 풀어주었다. (그래서 지금 그는 자유인이다.)		

* 완료형은 과거의 행동이 지금까지 지속되고 있을 때 혹은 과거의 행동이 현재에 영향을 끼치고 있을 때 사용된다. 위의 예에서는 지금 눈 앞에 있는 사람이 왜 자유인인지를 설명한다. 그가 지금 자유인인 것은 내가 그를 과거에 해방시켜 주었기 때문이다. 과거의 행동이 지금 영향을 미치고 있으므로 완료형을 쓴다.

090 G. 완료 수동태(중간태) 변화형

1. 완료형도 현재형과 마찬가지로 중간태와 수동태의 어미변화가 같다.

2. 편의상 수동태를 기준으로 해석해 놓았다.

λύω 풀다

단수(sg.)	1인칭	λελυμαι	마이	나는 풀려났다.
	2인칭	-σαι	싸이	너는 풀려났다.
	3인칭	-ται	타이	그는 풀려났다.
복수(pl.)	1인칭	-μεθα	메싸	우리는 풀려났다.
	2인칭	-σθε	스쎄	너희는 풀려났다.
	3인칭	-νται	은타이	그들은 풀려났다.

091 G. 완료 수동태(중간태) 변화형 연습

λέλυται ὁ δοῦλος ἀπὸ τοῦ ἀνθρώπου.

	설명	해석
λέλυται	λύω '내가 풀다' 의 완료 수동태 직설법 3인칭 단수 '그가 풀려났다'	(그가) 풀려났다.
ὁ	관사, 남성 단수 주격	그
δοῦλος	δοῦλος '종' 의 남성 단수 주격	종은
ἀπὸ	전치사, + 소유격 = ...에게서, ...로부터	...로부터
τοῦ	관사, 남성 단수 소유격	그
ἀνθρώπου.	ἄνθρωπος '사람' 의 남성 단수 소유격	사람의
전체해석: 그 종은 그 사람으로부터 풀려났다. (그래서 지금 자유인이다.)		

1. 과거의 종이었던 자가 지금 왜 자유인인지를 설명해 주는 문장이다. 과거의 사건이 지금 영향을 미치고 있으므로 완료형이 사용되었다.
2. '아포'가 전치사이므로 그것과 결합된 '사람'이라는 명사의 격의 의미는 무시된다. '전치사 다음에 나오는 명사의 격은 그 격의 원래의 의미를 상실한다.'

092 H. 미완료과거 능동태 변화형

1. 미완료과거는 과거진행형을 말한다.
2. 미완료과거는 어간 앞에 엡실론이 첨가된다. 이것은 미완료과거뿐만 아니라 제2시상 전체의 특징이다.

λύω 풀다

단수(sg.)	1인칭	ϵλυον	엘뤼온	나는 풀고 있었다.
	2인칭	-ϵς	에스	너는 풀고 있었다.
	3인칭	-ϵ(ν)	에 (엔)	그는 풀고 있었다.
복수(pl.)	1인칭	-ομϵν	오멘	우리는 풀고 있었다.
	2인칭	-ϵτϵ	에테	너희는 풀고 있었다.
	3인칭	-ον	온	그들은 풀고 있었다.

093 제1시상과 제2시상의 차이

1. 헬라어에는 6개의 시제가 있고 그것은 제1시상과 제2시상으로 나뉜다.

제1시상 (접두모음 없음)			제2시상 (접두모음 엡실론이 붙음)		
현재 (present)	미래 (future)	완료 (perfect)	미완료 과거 (imperfect)	부정과거 (aorist)	과거완료 (pluperfect)

2. 제1시상과 제2시상을 구분하는 기준은 동사에 접두모음 엡실론이 붙었느냐 혹은 안 붙었느냐 하는 것이다.

094 H. 미완료과거 능동태 변화형 연습

ὁ ἀπόστολος ἔλεγε τὴν παραβολὴν τοῦ κυρίου.

	설명	해석
ὁ	관사, 남성 단수 주격	그
ἀπόστολος	ἀπόστολος '사도'의 남성 단수 주격	사도는
ἔλεγε	λέγω '말하다'의 미완료과거 능동태 직설법 3인칭 단수 '그가 말하고 있었다'	(그는) 말하고 있었다
τὴν	관사, 여성 단수 목적격	그
παραβολὴν	παραβολή '비유'의 여성 단수 목적격	비유를
τοῦ	관사, 남성 단수 소유격	그
κυρίου.	κύριος '주님'의 남성 단수 소유격	주님의
전체해석: 그 사도는 주님의 비유를 말하고 있었다.		

* 관사는 항상 '그'로 번역하지 않아도 된다. 앞으로는 문맥에 따라 관사를 번역하기로 한다.

095 I. 미완료과거 수동태(중간태) 변화형

미완료과거는 현재형, 완료형과 마찬가지로 중간태와 수동태의 어미형태가 같다.

편의상 수동태를 기준으로 설명하기로 한다.

λύω 풀다

단수(sg.)	1인칭	ϵλυομην	엘뤼오맨	나는 풀리고 있었다.
	2인칭	-ου	우	너는 풀리고 있었다.
	3인칭	-ϵτο	에토	그는 풀리고 있었다.
복수(pl.)	1인칭	-ομϵθα	오메싸	우리는 풀리고 있었다.
	2인칭	-ϵσθϵ	에스쎄	너희는 풀리고 있었다.
	3인칭	-οντο	온토	그들은 풀리고 있었다.

* 2인칭의 발음은 '엘뤼우'이고 3인칭은 '엘뤼에토'이다. '엘루, 엘루에토'가 아니다.

096 I. 미완료과거 수동태(중간태) 변화형 연습

ἡ παραβολὴ ἐλέγετο ὑπό τοῦ ἀποστόλου.

	설명	해석
ἡ	관사, 여성 단수 주격	그
παραβολὴ	'비유' 의 여성 단수 주격	비유는
ἐλέγετο	λέγω '말하다' 의 미완료과거 수동태 직설법 3인칭 단수 '그는 말해지고 있었다'	(그는) 말해지고 있었다
ὑπό	전치사, + 소유격 = ...에 의해	...에 의해
τοῦ	관사, 남성 단수 소유격	그
ἀποστόλου.	ἀπόστολος '사도' 의 남성 단수 소유격	사도의 *
전체해석: 그 비유는 그 사도에 의해 말해지고 있었다.		

* 전치사 다음에 나오는 명사의 격은 그 격의 원래의 의미를 상실한다.

097 J. 부정과거 능동태 변화형

부정과거는 과거의 단회적 동작이나 사건을 나타낸다.

λύω 풀다

단수(sg.)	1인칭	ϵλυσα	엘뤼사	나는 풀었다.
	2인칭	-σας	사스	너는 풀었다.
	3인칭	-σϵ(ν)	세 (센)	그는 풀었다.
복수(pl.)	1인칭	-σαμϵν	사멘	우리는 풀었다.
	2인칭	-σατϵ	사테	너희는 풀었다.
	3인칭	-σαν	산	그들은 풀었다.

098 J. 부정과거 능동태 변화형 연습

ἔλυσϵν Παῦλον.

	설명	해석
ἔλυσϵν	λύω '내가 풀다' 의 부정과거 능동태 직설법 3인칭 단수	그는 풀어주었다.
Παῦλον.	Παῦλος '바울' 의 남성 단수 목적격	바울을
전체해석: 그는 바울을 풀어주었다.		

099 K. 부정과거 중간태 변화형

λύω 풀다

단수(sg.)	1인칭	ϵλυσαμην	사맨	나는 나 자신을 풀었다.
	2인칭	-σω	소	너는 너 자신을 풀었다.
	3인칭	-σατο	사토	그는 그 자신을 풀었다.
복수(pl.)	1인칭	-σαμϵθα	사메싸	우리는 우리 자신을 풀었다.
	2인칭	-σασθϵ	사스쎄	너희는 너희 자신을 풀었다.
	3인칭	-σαντο	산토	그들은 그들 자신을 풀었다.

100 K. 부정과거 중간태 변화형 연습

ἐλύσαντο οἱ δοῦλοι.

	설명	해석
ἐλύσαντο	λύω '내가 풀다' 의 부정과거 중간태 직설법 3인칭 복수 '그들이 자신을 풀었다'	그들이 자신을 풀었다.
οἱ	관사, 남성 복수 주격	그
δοῦλοι.	δοῦλος '종' 의 남성 복수 주격	종들이
전체해석: 그 종들이 자신들을 풀었다.		

101 L. 부정과거 수동태 변화형

λύω 풀다

단수(sg.)	1인칭	ϵλυθην	엘뤼쌘	나는 풀렸다.
	2인칭	-θης	쌔스	너는 풀렸다.
	3인칭	-θη	쌔	그는 풀렸다.
복수(pl.)	1인칭	-θημϵν	쌔멘	우리는 풀렸다.
	2인칭	-θητϵ	쌔테	너희는 풀렸다.
	3인칭	-θησαν	쌔산	그들은 풀렸다.

102 L. 부정과거 수동태 변화형 연습

ἐλύθη ὁ δοῦλος.

	설명	해석
ἐλύθη	λύω '내가 풀다' 의 부정과거 수동태 직설법 3인칭 단수 '그가 풀렸다'	그는 풀렸다.
ὁ	관사, 남성 단수 주격	그
δοῦλος.	'종' 의 남성 단수 주격	종은
전체해석: 그 종은 풀렸다.		

103 M. 과거완료 능동태 변화형

λύω 풀다

단수(sg.)	1인칭	(ε)λελυκειν	엘렐뤼케인	나는 풀었었다.
	2인칭	-κεις	케이스	너는 풀었었다.
	3인칭	-κει	케이	그는 풀었었다.
복수(pl.)	1인칭	-κειμεν	케이멘	우리는 풀었었다.
	2인칭	-κειτε	케이테	너희는 풀었었다.
	3인칭	-κεισαν	케이산	그들은 풀었었다.

1. 과거의 어느 시점을 기준으로 하여 그 과거보다 더 과거에 일어난 일이 과거의 기준시점에 영향을 미칠 때 사용하는 시제이다.
2. 접두모음에 괄호를 넣은 것은 엡실론이 사용될 때도 있고 그렇지 않을 때로 있다는 뜻이다.

104 M. 과거완료 능동태 변화형 연습

예를 들어 '그 날에 애굽에 큰 곡성이 있었으니 이는 주의 사자가 애굽 모든 집의 장자를 쳤음이더라'라는 문장을 생각해 보자. 큰 곡성이 있던 시점을 기준으로 하면 애굽의 모든 장자가 죽은 것은 그보다 앞선 과거이다. 또 장자가 죽은 것 때문에 애굽에 큰 곡성이 있게 되었다. 이럴 경우 '장자를 쳤음이라'는 과거완료형을 쓴다.

105 직설법변화표(십자표)

지금까지 개별적으로 살펴본 각 시제의 능동태, 중간태, 수동태 변화형을 모두 모으면 다음과 같다.

<table>
<tr><th colspan="3" rowspan="3"></th><th colspan="4">제 1 시상</th></tr>
<tr><th>현재</th><th colspan="2">미래</th><th>완료</th></tr>
<tr><th>present</th><th colspan="2">future</th><th>perfect</th></tr>
<tr><td rowspan="7">능</td><td rowspan="3">sg.</td><td>1</td><td>λυω</td><td colspan="2">λυσω</td><td>λελυκα</td></tr>
<tr><td>2</td><td>-εις</td><td colspan="2">-σεις</td><td>-κας</td></tr>
<tr><td>3</td><td>-ει</td><td colspan="2">-σει</td><td>-κε(ν)</td></tr>
<tr><td rowspan="3">pl.</td><td>1</td><td>-ομεν</td><td colspan="2">-σομεν</td><td>-καμεν</td></tr>
<tr><td>2</td><td>-ετε</td><td colspan="2">-σετε</td><td>-κατε</td></tr>
<tr><td>3</td><td>-ουσι(ν)</td><td colspan="2">-σουσι</td><td rowspan="2">-κασι(ν)
-καν</td></tr>
<tr><td></td><td></td><td></td><td colspan="2"></td></tr>
<tr><td rowspan="6">중
/
수</td><td rowspan="3">sg.</td><td>1</td><td>λυομαι</td><td>λυσομαι</td><td>λυθησομαι</td><td>λελυμαι</td></tr>
<tr><td>2</td><td>-ῃ</td><td>-σῃ</td><td>-θησῃ</td><td>-σαι</td></tr>
<tr><td>3</td><td>-εται</td><td>-σεται</td><td>-θησεται</td><td>-ται</td></tr>
<tr><td rowspan="3">pl.</td><td>1</td><td>-ομεθα</td><td>-σομεθα</td><td>-θησομεθα</td><td>-μεθα</td></tr>
<tr><td>2</td><td>-εσθε</td><td>-σεσθε</td><td>-θησεσθε</td><td>-σθε</td></tr>
<tr><td>3</td><td>-ονται</td><td>-σονται</td><td>-θησονται</td><td>-νται</td></tr>
</table>

			제 2 시상			
			미완료과거	부정과거		과거완료
			imperfect	aorist		pluperfect
능	sg.	1	ελυον	ελυσα		(ε)λελυκειν
		2	-ες	-σας		-κεις
		3	-ε(ν)	-σε(ν)		-κει
	pl.	1	-ομεν	-σαμεν		-κειμεν
		2	-ετε	-σατε		-κειτε
		3	-ον	-σαν		-κεισαν
중 / 수	sg.	1	ελυομην	ελυσαμην	ελυθην	
		2	-ου	-σω	-θης	
		3	-ετο	-σατο	-θη	
	pl.	1	-ομεθα	-σαμεθα	-θημεν	
		2	-εσθε	-σασθε	-θητε	
		3	-οντο	-σαντο	-θησαν	

106 십자표의 특징과 활용법(1)

1. 직설법 변화표를 필자는 십자표라고 부른다.
2. 가로선은 능동태와 중간태/수동태 사이의 선이고, 세로선은 제1시상과 제2시상 사이의 선이다.
3. 직설법 변화표를 이 도표에 모아 놓으면 매우 편리하게 동사를 분석할 수 있다.

107 십자표의 특징과 활용법(2)

우선 변화표는 크게 제1시상과 제2시상으로 나뉜다.

제1시상의 특징은 접두모음 엡실론이 붙지 않는다는 것이고

제2시상의 특징은 접두모음 엡실론이 붙는다는 것이다.

제1시상 (접두모음 없음)			제2시상 (접두모음 엡실론이 붙음)		
현재 (present)	미래 (future)	완료 (perfect)	미완료과거 (imperfect)	부정과거 (aorist)	과거완료 (pluperfect)

108 십자표의 특징과 활용법(3)

십자표는 가로중심선을 기준으로 양쪽이 평행을 이룬다.

아래 도표는 어미가 어떤 종류의 알파벳으로 시작되는지를 표시한 것이다.

	제 1 시상				제 2 시상			
	현재	미래		완료	미완료과거	부정과거		과거완료
	present	future		perfect	imperfect	aorist		pluperfect
능동태	A. 모음	C. 시그마		F. 카파	H. 모음	J. 시그마		M. 카파
중/수동태	B. 모음	D. 시그마	E. 쎄타	G. 예외	I. 모음	K. 시그마	L. 쎄타	

1. 각 시상의 제일 왼쪽에 위치한 현재(A, B)와 미완료과거(H, I)는 모두 '모음'으로 시작된다.
2. 중간 부분에 있는 미래 능동태(C)와 부정과거 능동태(J)는 '시그마'(σ)로 시작된다.
3. 미래와 부정과거 중간태는(D, K) '시그마'(σ)로 시작된다.
4. 미래와 부정과거 수동태는(E, L) '쎄타'(θ)로 시작된다.
5. 완료와 과거완료 능동태는(F, M) '카파'(κ)로 시작된다.

109 십자표의 특징과 활용법(4)

이와 같은 특징은 실제로 헬라어 성경에서 동사를 만났을 때 그것이 A부터 M까지 중에서 어디에 속한 것인지를 파악하는 데 큰 도움을 준다.

예를 들어 ἐπιστεύσαμεν이라는 단어를 만났다고 해 보자. 원형은 πιστεύω '믿다'이다.

1. 접두모음 엡실론이 붙어 있는지 살핀다. 엡실론이 있으므로 제2시상이다. 이제 제1시상은 전혀 신경 쓰지 않아도 된다.
2. 어미가 어떤 알파벳으로 시작되는지 살핀다. 즉 모음인지, 시그마인지, 쎄타인지, 혹은 카파인지 살핀다. ἐπιστεύσαμεν에서 σαμεν이 어미이므로 어미는 '시그마'로 시작된다. 제2시상에서 어미가 시그마로 시작되는 것은 부정과거 능동태와 중간태밖에 없다.
3. 이제 '사, 사스, 세 …' 하면서 어미를 하나씩 대조해 본다. '사멘'은 '사, 사스, 세, 사멘' 즉 부정과거 능동태 중에서 네 번째 것이다. 그러므로 1인칭 복수이다.

단수(sg.)	1인칭	ελυσα	엘뤼사
	2인칭	-σας	사스
	3인칭	-σε(ν)	세 (센)
복수(pl.)	1인칭	-σαμεν	사멘
	2인칭	-σατε	사테
	3인칭	-σαν	산

그러므로 ἐπιστεύσαμεν 의 파싱(동사분석)은;

πιστεύω '믿다'의 부정과거 능동태 직설법 1인칭 복수 '우리가 믿었다' 이다.

110 헬라어의 부정어

영어의 not에 해당하는 단어이다.

<table>
<tr><th></th><th>종류</th><th>뒤에 오는 철자</th><th>예</th></tr>
<tr><td rowspan="4">직설법</td><td>οὐ</td><td>+ 자음</td><td>οὐ μένω
나는 머무르지 않는다.</td></tr>
<tr><td>οὐκ</td><td>+ 모음(약기식)</td><td>οὐκ ἔχω
나는 가지고 있지 않다.</td></tr>
<tr><td>οὐχ</td><td>+ 모음(강기식)</td><td>οὐχ ἁμαρτάνω
나는 범죄하지 않는다.</td></tr>
<tr><td>οὐχι</td><td>강세형</td><td></td></tr>
<tr><td>기타 *</td><td>μή</td><td>구분 없음</td><td></td></tr>
</table>

* 직설법 이외의 모든 법(부정사, 가정법, 분사, 명령법, 희구법 등)에서는 μή를 사용한다.

111 에이미(εἰμί) 동사: 현재 능동태 직설법

에이미 동사란 영어의 be동사를 말한다.

가장 많이 사용되는 세 가지 시제를 살펴보자.

		현재 능동태 직설법	
단수	1.	εἰμί	에이미
	2.	εἶ	에이
	3.	ἐστί(ν)	에스틴 *
복수	1.	ἐσμέν	에스맨
	2.	ἐστέ	에스테
	3.	εἰσίν	에이신

* '에스티'(1회)보다는 '에스틴'(896회)이 성경에 더 많이 등장한다.

112 에이미(εἰμί) 동사: 현재 능동태 직설법 연습

요한복음 6:48

ἐγώ εἰμι ὁ ἄρτος τῆς ζωῆς.

	설명	해석
ἐγώ	인칭대명사, 1인칭 단수 *	나는
εἰμι	εἰμι '나는 ...이다' 의 현재 능동태 직설법 1인칭 단수 '나는 ...이다'	나는 ...이다.
ὁ	관사, 남성 단수 주격	그
ἄρτος	'떡, 빵' 의 남성 단수 주격	떡
τῆς	관사, 여성 단수 소유격	그
ζωῆς.	ζωή '생명' 의 여성 단수 소유격	생명의
전체해석: 나는 생명의 떡이다. (* 다른 사람이 아니라 '오직 나만이' 라는 뜻)		

* '에이미' 자체가 1인칭 단수에만 사용되는 동사이므로 따로 인칭대명사를 써 줄 필요가 없다. 그러므로 본문에서 '에고'는 강조를 위해 사용된 것이다.

113 에이미(εἰμί) 동사: 미완료과거 능동태 직설법

미완료과거는 과거진행형을 나타낸다.

		미완료과거 능동태 직설법	
단수	1.	ἤμην	애맨
	2.	ἦς (ἦσθα)	애스 *
	3.	ἦν	앤
복수	1.	ἦμεν (ἦμεθα)	애멘 *
	2.	ἦτε	애테
	3.	ἦσαν	애싼

* 신약성경에서 '애스싸'(2회)보다는 '애스'(56회)가 더 많이 등장한다. '애멘'(8)과 '애메싸'(5회)는 둘 다 별로 등장하지 않는다.

114 에이미(ἐιμί) 동사: 미완료과거 능동태 직설법 연습

요한복음 1:1

’Eν ἀρχῇ ἦν ὁ λόγος.

	설명	해석
’Eν	전치사, + 여격 = ... 안에, ...에 *1	...에
ἀρχῇ	ἀρχη 처음, 태초, 시작, 여성 단수 여격	태초
ἦν	ἐιμί '나는 ...이다' 의 미완료과거 능동태 직설법 3인칭 단수 '그는 ...였다' '그는 있었다'	(그는) (계속해서) 있었다. *2
ὁ	관사, 남성 단수 주격	그
λόγος.	말씀, 남성 단수 주격	말씀
전체해석: 태초에 말씀이 계셨다. (계속해서 존재하고 계셨다.)		

* 1 헬라어 성경에서는 문단의 첫 철자를 대문자로 쓴다.

* 2 성자께서는 늘 존재하고 계셨다는 뜻이다.

115 에이미(εἰμί) 동사: 미래 능동태 직설법

		미래 능동태 직설법	
단수	1.	ἔσομαι	에소마이
	2.	ἔσῃ	에새
	3.	ἔσται	에스타이 *
복수	1.	ἐσόμεθα	에소메싸
	2.	ἔσεσθε	에세스쎄
	3.	ἔσονται	에손타이

* 읽을 때 '에세타이'로 읽지 않도록 주의해야 한다.

116 에이미(εἰμί) 동사: 미래 능동태 직설법 연습

요한복음 14:17 (성령님에 대한 설명)

καὶ ἐν ὑμῖν ἔσται

	설명	해석
καὶ	접속사, 그리고	그리고
ἐν	전치사, + 여격 = ...안에	...안에
ὑμῖν	인칭대명사, 복수 2인칭 여격	너희에게 *
ἔσται	εἰμί '나는 ...이다' 의 미래 능동태 직설법 3인칭 단수 '그는 있을 것이다'	그는 있을 것이다.
전체해석: 그리고 그는 너희 안에 계실 것이다.		

* 전치사 다음에 나오는 명사의 격은 그 격의 원래의 의미를 상실한다.
따라서 '에게'가 아니라 '안에'로 해석한다.

117 미동사

미동사란 1인칭 단수어미가 μι로 끝나는 동사를 말한다. 헬라어에 상당히 많다.
대표적인 것들은 다음과 같다.

δίδωμι	τίθημι	ἵστημι
주다	두다(put)	서다(stand)

118 미동사: 현재 능동태 직설법

현재 능동태 직설법 변화

	주다	
단수	δίδωμι	미
	δίδως	스
	δίδωσι(ν)	시
복수	δίδομεν	멘
	δίδοτε	테
	διδόασι(ν)	아시

119 미(MI)동사 연습

요한복음 13:34

ἐντολὴν καινὴν δίδωμι ὑμῖν

	설명	해석
ἐντολὴν	ἐντολή '계명', 여성 단수 목적격	계명을
καινὴν	καινός, ή, όν 형용사, '새로운', 여성 단수 목적격	새로운
δίδωμι	δίδωμι '내가 주다'의 현재 능동태 직설법 1인칭 단수 '내가 주다'	내가 준다
ὑμῖν	인칭대명사, 복수 2인칭 여격	너희에게
전체해석: 내가 새로운 계명을 너희에게 준다.		

120 부정사(infinitive)

영어의 부정사와 그 용법이 거의 같다. '...하는 것'으로 해석한다.

	현재	부정과거	
능동태	λύειν	λῦσαι	
중간태/수동태	λύεσθαι	λύσασθαι	λυθῆναι

* 미래부정사, 완료부정사도 있지만 기초 단계에서는 현재형과 부정과거형만 알아두면 된다.

121 부정사(infinitive): 시제(tense)와 양상(aspect)

1. 현재 부정사는 계속적, 반복적 동작을 나타내고
2. 부정과거 부정사는 단회적 동작을 나타낸다.
3. 이것을 양상(aspect)이라고 한다. 이것은 현재와 과거라고 하는 시간적 개념과는 아무 상관이 없다.

122 부정사(infinitive) 연습

θέλω βλέπειν τόν κυρίον.

	설명	해석
θέλω	θέλω '내가 원하다' 의 현재 능동태 직설법 1인칭 단수 '나는 원한다'	나는 원한다.
βλέπειν	βλέπω '내가 보다' 의 현재 능동태 부정사 '보는 것'	보는 것을
τόν	관사, 남성 단수 목적격	그
κύριον.	κύριος '주님' 의 남성 단수 목적격	주님을
전체해석: 나는 주님을 보는 것을 원한다. *		

* 현재 부정사를 사용했으니 '계속해서' 보기를 원한다는 뜻이다.

123 제2부정과거

1. 제2부정과거란 부정과거 시제에서 직설법변화표(십자표)의 규칙적인 어미변화를 따르지 않는 불규칙한 동사를 말한다. 영어의 불규칙동사에 해당한다.
2. 규칙적인 부정과거를 제1부정과거라고도 부른다.

규칙동사(헬라어의 제1부정과거): love – loved – loved

불규칙동사(헬라어의 제2부정과거): see – saw – seen

124 제2부정과거의 예

	뜻	현재형
εἶδον	내가 보았다.	βλέπω 혹은 ὁράω 보다
εἶπον	내가 말했다.	λέγω 말하다
ἔλαβον	내가 취했다.	λαμβάνω 취하다
ἦλθον	내가 갔다, 내가 왔다.	ἔρχομαι 가다, 오다

125 제2부정과거의 어미변화: 미완료과거 어미

1. 제2부정과거는 직설법에서는 미완료과거의 어미를 취하고
2. 기타의 법에서는 현재형의 어미를 취한다.
3. 그 이유는 그 어미들이 가장 간단하기 때문이다.

미완료과거의 어미변화는 다음과 같았다.

			미완료과거
능동태	sg.	1	ελυον
		2	- ες
		3	- ε(ν)
	pl.	1	- ομεν
		2	- ετε
		3	- ον
중간태 / 수동태	sg.	1	ελυομην
		2	- ου
		3	- ετο
	pl.	1	- ομεθα
		2	- εσθε
		3	- οντο

126 제2부정과거의 어미변화: 직설법

제2부정과거 직설법은 위의 미완료과거의 어미를 그대로 사용한다.

			제2부정과거	해석
능동태	sg.	1	ἔλαβον	내가 취했다.
		2	- ες	네가 취했다.
		3	- ε(ν)	그가 취했다.
	pl.	1	- ομεν	우리가 취했다.
		2	- ετε	너희가 취했다.
		3	- ον	그들이 취했다.
중간태 / 수동태	sg.	1	ἐλαβομην	내가 취해졌다
		2	- ου	네가 취해졌다
		3	- ετο	그가 취해졌다
	pl.	1	- ομεθα	우리가 취해졌다
		2	- εσθε	너희가 취해졌다
		3	- οντο	그들이 취해졌다

127 제2부정과거 연습: 능동태

ἔλαβε τὸ δῶρόν σου.

	설명	해석
ἔλαβε	λαμβάνω '내가 취하다' 의 제2부정과거 능동태 직설법 3인칭 단수 '그가 취했다'	그가 취했다.
τὸ	관사, 중성 단수 목적격	그
δῶρόν	δῶρον '선물' 의 중성 단수 목적격	선물을
σου.	인칭대명사, 2인칭 단수 소유격	너의 *
전체해석: 그가 너의 선물을 취했다.		

* 헬라어에서 소유격은 수식을 받는 명사 뒤에 쓰인다.

128 제2부정과거 연습: 수동태

ἐλαβέτο τὸ δῶρόν σου ὑπὸ τοῦ δούλου.

	설명	해석
ἐλαβέτο	λαμβάνω '내가 취하다' 의 제2부정과거 수동태 직설법 3인칭 단수 '그가 취해졌다'	(그가) 취해졌다.
τὸ	관사, 중성 단수 주격	그
δῶρόν	'선물' 의 중성 단수 주격	선물은
σου	인칭대명사, 2인칭 단수 소유격	너의
ὑπὸ	전치사, + 소유격 = ...에 의하여	...에 의하여 *
τοῦ	관사, 남성 단수 소유격	그
δούλου.	δοῦλος '종' 의 남성 단수 소유격	종의
전체해석: 너의 그 선물은 그 종에 의하여 취해졌다.		

* 전치사 다음에 나오는 명사의 격은 그 격의 원래의 의미를 상실한다.

129 명령법

<table>
<tr><th colspan="2"></th><th>현재</th><th colspan="2">부정과거</th></tr>
<tr><td rowspan="4">능동태</td><td>단수 2인칭</td><td>λῦε</td><td colspan="2">λῦσον</td></tr>
<tr><td>단수 3인칭</td><td>λυέτω</td><td colspan="2">λυσάτω</td></tr>
<tr><td>복수 2인칭</td><td>λύετε</td><td colspan="2">λύσατε</td></tr>
<tr><td>복수 3인칭</td><td>λυέτωσαν</td><td colspan="2">λυσάτωσαν</td></tr>
<tr><td rowspan="4">중간태 / 수동태</td><td>단수 2인칭</td><td>λύου</td><td>λῦσαι</td><td>λύθητι</td></tr>
<tr><td>단수 3인칭</td><td>λυέσθω</td><td>λυσάσθω</td><td>λυθήτω</td></tr>
<tr><td>복수 2인칭</td><td>λύεσθε</td><td>λύσασθε</td><td>λύθητε</td></tr>
<tr><td>복수 3인칭</td><td>λυέσθωσαν</td><td>λυσάσθωσαν</td><td>λυθήτωσαν</td></tr>
</table>

130 명령법: 시제와 양상(1)

1. 현재 명령법과 부정과거 명령법의 차이는 시제(tense)가 아니라 양상(aspect)에 있다.
2. 현재 명령법은 계속적, 반복적 동작을 요구할 때 사용되고
3. 부정과거 명령법은 단회적 동작을 요구할 때 사용된다.
(타임머신을 타고 과거로 가서 명령을 수행하고 오라는 것이 아니다.)

131 명령법: 시제와 양상(2)

단수 2인칭 명령을 예로 들어보자.

	형태	해석
현재 단수 2인칭 명령	λῦε	풀어라! *1
부정과거 단수 2인칭 명령	λῦσον	풀어라! *2

*1 종이 지푸라기로 긴 새끼줄을 꼬아 놓았다. 주인은 지푸라기 삼겹살을 구워 먹고 싶어서 종에게 새끼줄을 다시 풀라고 명령한다. 이 경우 긴 새끼줄을 계속해서 풀어야 하므로 '현재 명령'이 사용된다.

*2 주인이 선물 상자를 받았는데 끈으로 묶여 있고 풀기 좋게 매듭이 지어져 있다. 그래서 하인에게 그 매듭을 풀라고 명령한다. 그것은 단숨에 이루어지는 일이므로 '부정과거 명령'이 사용된다.

132 명령법: 부정 명령

'…을 하지 말라'는 부정 명령은 현재 명령법 앞에 μή를 붙이면 된다.

μὴ λῦε 풀지 말아라!

1. 혹은 나중에 배울 부정과거 가정법에 μή를 붙여도 된다.
2. 부정 명령은 '부'정과거 '가'정법이나 '현'재 '명'령형에 μή를 붙여서 만

든다.

3. 이를 쉽게 외우려면 앞 글자를 모아 '부가현명'이라고 외우면 된다. 아버지가 현명하시다.

133 명령법: 3인칭 명령

명령은 대개 앞에 있는 사람에게 한다. 그것이 2인칭 명령이다. 그런데 헬라어에서는 3인칭 명령이라는 것이 있다. 그것은 어떤 경우에 사용하는 것일까? 다음과 같은 상황을 예로 들어보자.

> 어떤 대감마님이 있다. 그는 천한 하인들과는 직접 대화를 하지 않는다. 하인들에게 무언가를 시키고 싶을 때는 중간 관리자에게 이야기를 한다. 어느날 마당에 커다란 돌이 있는 것을 발견했다. 눈에 거슬려서 치우라고 하고 싶은데 주변에는 천한 하인만 있고 중간 관리자가 없었다. 돌은 치우고 싶은데 대감마님 체면에 천한 하인에게 직접 명령을 할 수는 없다. 이럴 때 사용하는 것이 3인칭 명령이다. 대감마님은 돌을 보면서 "돌은 저쪽 나무 밑으로 옮겨질지어다!"라고 명령한다. 형식상 돌에게 한 명령이다. 하지만 그 근처에 있던 하인은 주인의 의도를 알아차리고 그 돌을 치운다.

134 명령법 연습

βλέπε τὴν βασιλείαν τοῦ θεοῦ.

	설명	해석
βλέπε	βλέπω '내가 보다' 의 현재 능동태 명령법 2인칭 단수	너는 보라!
τὴν	관사, 여성 단수 목적격	그
βασιλείαν	βασιλεία '나라' 의 여성 단수 목적격	나라를
τοῦ	관사, 남성 단수 소유격	그
θεοῦ.	θεός '하나님' 의 남성 단수 소유격	하나님의
전체해석: 너는 하나님의 나라를 보라!		

135 가정법: 변화형

1. 현재 가정법은 현재 직설법 어미의 첫 모음을 장모음으로 바꾼 것이다.
2. 다른 것들은 그 어미들 앞에 카파(κ), 시그마(σ), 쎄타(θ) 등을 추가한 것이다.

	pres.	fut.	pf.	impf.	aor.		plpf.
능동태	λυω - ῃς - ῃ - ωμεν - ῃτε - ωσι(ν)		λελυκω - κῃς - κῃ - κωμεν - κητε - κωσι(ν)		λυσω - σῃς - σῃ - σωμεν - σητε - σωσι(ν)		
중/수동태	λυωμαι - ῃ - ηται - ωμεθα - ησθε - ωνται				λυσωμαι - σῃ - σηται - σωμεθα - σησθε - σωνται	λυθῶ - θῇς - θῇ - θῶμεν - θῆτε - θῶσι(ν)	

136 가정법: 주로 사용되는 네 가지 경우

헬라어에서 가정법 변화형은 주로 다음의 네 가지 경우에 사용된다.

		뜻	
1	ἐάν	+ 가정법 = 만약 ...라면(if)	
2	ἵνα	+ 가정법 = ...하기 위하여(in order that)	
3	- ωμεν	현재 가정법	우리 ...합시다! (let's ...., 청유형)
	- σωμεν	부정과거 가정법	
4	μή	+ 부정과거 가정법 = 부정명령(...하지 말라!)	

137 가정법: '만약 ...라면'과 함께 사용되는 경우

1. 헬라어에서는 '만약 ...라면'의 뜻을 가진 단어가 두 개 있다.
2. 각각 직설법 혹은 가정법과만 결합한다.

εἶ	+ 직설법
ἐάν	+ 가정법

3. 헬라어를 읽다가 '에안'이 나오면 그 다음에는 반드시 가정법 변화형이 나온다는 뜻이다.

138 가정법: 암기 요령

위의 표를 혼동하지 않고 외우는 요령이다.

1. 한글로 읽으면 '에이+직설법, 에안+가정법'이다.
2. 그래서 앞의 글자들을 모아서 '에이즈면 애 안 가져'로 외운다. 에이즈에 걸렸으면 2세의 행복을 위해 애를 안 가지겠다는 것이다.

139 가정법: '만약 ...라면'의 용법

εἰ βλέπεις τὸν κύριον, ...	네가 만약 주님을 본다면, ... (현재 능동태 직설법 2인칭 단수)
ἐάν βλέπῃς τὸν κύριον, ...	네가 만약 주님을 본다면, ... (현재 능동태 가정법 2인칭 단수)

140 가정법: '...하기 위하여'와 함께 사용되는 경우

헬라어에서는 '...하기 위하여'(in order that)라는 뜻을 지닌 ἵνα 다음에는 반드시 가정법 변화형이 온다. 예를 살펴보기로 하자.

요한복음 5:20

ἵνα ὑμεῖς θαυμάζητε

	설명	해석
ἵνα	in order that	...하기 위하여
ὑμεῖς	인칭대명사, 2인칭 복수 주격	너희가
θαυμάζητε	θαυμάζω '놀라다' 의 현재 능동태 가정법 2인칭 복수 '너희가 놀라도록'	너희가 놀라도록
전체해석: 너희가 놀라도록 하기 위해		

141 가정법: 청유형과 명령형의 차이

1. 말하는 사람이 동사의 동작의 주체에 포함되면 청유형이고 포함되지 않으면 명령형이다.
2. 선생님이 종례 시간에 '오늘 청소들 열심히 해라'라고 말씀하신다면 그것은 명령형이다. 왜냐하면 선생님은 청소를 하지 않으시기 때문이다.
3. 그런데 잠시 후 반장이 '우리 청소 열심히 하자'라고 한다면 그것은 청유형이다. 왜냐하면 반장도 같이 청소를 하기 때문이다.
4. 참고로 기도를 드릴 때 '주여 축복을 내려 주시옵소서'라는 것은 명령형이다. 왜냐하면 축복을 내리는 동작의 주체에 내가 포함되지 않기 때문이다. 아무리 겸손히 표현했어도 문법적으로는 명령형이다.

142 가정법: 청유형

1. 헬라어에서 청유형을 쓰고 싶을 때는 가정법 어미를 붙인다.
2. 청유형은 오직 1인칭 복수만 존재한다.

<table>
<tr><td>- ωμεν</td><td>현재 가정법</td><td rowspan="2">우리 ...합시다!
(let's ..., 청유형)</td></tr>
<tr><td>- σωμεν</td><td>부정과거 가정법</td></tr>
</table>

143 가정법: 청유형의 양상

1. 청유형에는 현재 가정법을 사용하는 경우와 부정과거 가정법을 사용하는 경우가 있다.
2. 둘 사이에 시제(tense)상의 차이는 없고 양상(aspect)의 차이만 있다.
3. 즉 현재형은 계속적 동작을, 부정과거형은 단회적 동작을 나타낸다.

144 가정법: 청유형의 예

	동사분석	해석
λύωμεν	λύω '내가 풀다' 의 현재 능동태 가정법 1인칭 복수 '우리 풉시다'	우리 풉시다! (무언가를 계속적으로 푸는 동작을 의미)
λύσωμεν	'내가 풀다' 의 부정과거 능동태 가정법 1인칭 복수 '우리 풉시다'	우리 풉시다! (무언가를 단회적으로 푸는 동작을 의미)

145 가정법: 부정명령에 사용되는 경우

1. 헬라어에서 '...하지 말라'는 부정명령은 부정과거 가정법이나 현재 명령형에 μή 를 붙여서 만든다.
2. '부'정과거 '가'정법과 '현'재 '명'령형의 앞 글자를 모아 '부가현명'이라고 외운다.
3. 현재 가정법이나 부정과거 명령형으로는 부정명령을 만들 수 없다.

	명령법	가정법
현재	* 가능	불가능
부정과거	불가능	* 가능

146 가정법: 부정명령의 예

현재 명령형 사용	μὴ λῦε	λύω '내가 풀다' 의 현재 능동태 명령법 2인칭 단수	너는 풀지 말아라!
부정과거 가정법 사용	μὴ λύσῃς	'내가 풀다' 의 부정과거 가정법 2인칭 단수	너는 풀지 말아라!

147 분사: 영어와 비교

1. 헬라어 분사는 영어의 분사 즉 '동사의 원형 + ing'와 그 용법이 같다.
2. 영어에서 분사 앞에 관사를 붙이면 명사를 수식하는 역할을 한다.
   The singing girl is pretty.(노래하는 소녀는 예쁘다.)
3. 분사 앞에 관사가 없으면 부사적 용법이 된다.
   Singing merrily, the girl played in the garden.
   (즐겁게 노래를 부르며 소녀는 정원에서 놀았다.)
4. 헬라어에도 이 두 가지 용법이 모두 있다.

148 분사: 헬라어 분사의 특징

1. 그런데 헬라어 분사의 어려운 점은 그 변화형이 복잡하다는 것이다.
2. 앞의 예에서 '노래하는 소녀'는 the singing girl 이다. 목적격으로 '노래하는 소녀를'이라고 해도 변화형은 달라지지 않는다: I love the singing girl. (나는 노래하는 소녀를 사랑한다.)
3. 그러나 헬라어에서는 단수, 복수와 각 격에 따라 변화형이 모두 다르다.

149 분사: 현재분사

분사의 변화형들을 살펴보도록 하자. 이 도표들을 모두 외울 필요는 없다.

		능동태			중간태/수동태		
		남성	여성	중성	남성	여성	중성
단수	N	λύων	λύουσα	λῦον	λυόμενος	λυομένη	λυόμενον
	G	λύοντος	λυούσης	λύοντος	λυομένου	λυομένης	λυομένου
	D	λύοντι	λυούσῃ	λύοντι	λυομένῳ	λυομένῃ	λυομένῳ
	A	λύοντα	λύουσαν	λῦον	λυόμενον	λυομένην	λυόμενον
복수	N	λύοντες	λύουσαι	λύοντα	λυόμενοι	λυόμεναι	λυόμενα
	G	λύοντων	λυουσῶν	λυόντων	λυομένων	λυομένων	λυομένων
	D	λύουσι(ν)	υούσαις	ύουσι(ν)	λυομένοις	λυομέναις	υομένοις
	A	λύοντας	λυούσας	λύοντα	λυομένους	λυομένας	λυόμενα

1. 능동태에서 남성형과 중성형의 어미는 제3변화명사의 변화를 따르고
2. 여성형은 제1변화명사의 어미를 따른다.
3. 그러므로 분사는 기본적으로 단수 주격을 알면 나머지도 알 수 있다.

150 분사: 부정과거 분사 능동태와 수동태

		능동태			수동태		
		남성	여성	중성	남성	여성	중성
단수	N	λύσας	λύσασα	λῦσαν	λυθείς	λυθεῖσα	λυθέν
	G	λύσαντος	λυσάσης	λύσαντος	λυθέντος	λυθείσης	λυθέντος
	D	λύσαντι	λυσάσῃ	λύσαντι	λυθέντι	λυθείσῃ	λυθέντι
	A	λύσαντα	λύσασαν	λῦσαν	λυθέντα	λυθεῖσαν	λυθέν
복수	N	λύσαντες	λύσασαι	λύσαντα	λυθέντες	λυθεῖσαι	λυθέντα
	G	λυσάντων	λυσασῶν	λυσάντων	λυθέντων	λυθεισῶν	λυθέντων
	D	λύσασι(ν)	υσάσαις	λύσασι(ν)	λυθεῖσι(ν)	λυθείσαις	λυθεῖσι(ν)
	A	λύσαντας	λυσάσας	λύσαντα	λυθέντας	λυθείσας	λυθέντα

151 분사: 부정과거 분사 중간태

		부정과거 중간태		
		남성	여성	중성
단수	N	λυσάμενος	λυσαμένη	λυσάμενον
	G	λυσαμένου	λυσαμένης	λυσαμένου
	D	λυσαμένῳ	λυσαμένῃ	λυσαμένῳ
	A	λυσάμενον	λυσαμένην	λυσάμενον

복수	N	λυσάμενοι	λυσάμεναι	λυσάμενα
	G	λυσαμένων	λυσαμενῶν	λυσαμένων
	D	λυσαμένοις	λυσαμέναις	λυσαμένοις
	A	λυσαμένους	λυσαμένας	λυσάμενα

152 분사: 완료분사

1. 완료분사는 완료시제와 용법이 같다고 보면 된다.
2. 완료시제는 과거의 동작이 현재까지 영향을 끼치고 있을 때, 혹은 과거의 사건이 현재의 상태의 원인이 되고 있을 때 사용된다.

		능동태			수동태/중간태		
		남성	여성	중성	남성	여성	중성
단수	N	λελυκώς	λελυκυῖα	λελυκός	λελυμένος	λελυμένη	λελυμένον
	G	λελυκότος	λελυκυίας	λελυκότος	λελυμένου	λελυμένης	λελυμένου
	D	λελυκότι	λελυκυίᾳ	λελυκότι	λελυμένῳ	λελυμένῃ	λελυμένῳ
	A	λελυκότα	λελυκυῖαν	λελυκός	λελυμένον	λελυμένην	λελυμένον
복수	N	λελυκότες	λελυκυῖαι	λελυκότα	λελυμένοι	λελυμέναι	λελυμένα
	G	λελυκότων	λελυκυιῶν	λελυκότων	λελυμένων	λελυμένων	λελυμένων
	D	λελυκόσι(ν)	λελυκυίαις	λελυκόσι(ν)	λελυμένοις	λελυμέναις	λελυμένοις
	A	λελυκότας	λελυκυίας	λελυκότα	λελυμένους	λελυμένας	λελυμένα

153 분사: 단수 주격들 종합

위의 도표들 중 단수 주격들만을 십자표에 모으면 아래와 같다. 미래형을 추가했다.

현재	미래		완료	부정과거	
λυων - ουσα - ον	λυσων - σουσα - σον		λελυκως - κυια - κος	λυσας - σασα - σαν	
υομενος - ομενη - ομενον	υσομενος - σομενη - σομενον	λυθησομενος - θησομενη - θησομενον	λελυμενος - μενη - μενον	λυσαμενος - σαμενη - σαμενον	λυθεις - θεῖσα - θεν

154 분사의 용법(1): 분사 앞에 관사의 유무

분사의 용법을 살펴보도록 하자.

관사의 유무	분사의 종류	해석
분사 앞에 관사가 붙는 경우 (형용적 용법)	관사 + 현재분사 + (명사 A)	... 하고 있는 A
	관사 + 부정과거분사 + (명사 A)	...을 한 A
분사 앞에 관사가 붙지 않는 경우 (시간을 나타내는 부사적 용법)	관사 없음 + 현재분사 + (명사 A)	A가 ...을 하면서, ...을 하고 있을 때 (when)
	관사 없음 + 부정과거 분사 + (명사 A)	A가 ...을 한 후 (after)

* (명사 A)라고 해서 괄호를 씌운 것은 수식해 주는 명사가 없는 경우도 있다는 뜻이다.

155 분사의 용법(2): 예문

1. 헬라어 본문에서 분사를 만나면 우선 그 앞에 관사가 있는지 없는지를 살펴야 한다.
2. 관사가 있으면 그 분사는 선행사를 수식하는 형용적 용법으로 사용되고 있는 것이고,
3. 관사가 없으면 그 분사는 시간을 나타내는 부사적 용법으로 사용되고 있는 것이다.

<table>
<tr><td rowspan="2">분사 앞에 관사 있음</td><td rowspan="2">ὁ δοῦλος ὁ λύων ...
혹은
ὁ λύων δοῦλος ...</td><td>설명</td><td>λύω
'내가 풀다' 의 현재 능동태 분사
남성 단수 주격</td></tr>
<tr><td>해석</td><td>풀고 있는 그 종은</td></tr>
<tr><td rowspan="2">분사 앞에 관사 없음</td><td rowspan="2">λύων τὸν δοῦλον,
ὁ κύριος ...</td><td>설명</td><td>위와 같음</td></tr>
<tr><td>해석</td><td>종을 풀어주시면서 주님께서는</td></tr>
</table>

156 분사의 용법(3): 선행사가 생략된 경우

1. 분사의 수식을 받는 명사 즉 선행사가 생략되어 있는 경우에는 문맥에 따라 적절히 해석해 주어야 한다.
2. 남성 분사일 경우에는 '... 하는 사람(들)'으로, 중성 분사일 경우에는 '...하는 것(들)'로 해석한다.

ὁ λύων	남성 단수 주격	풀고 있는 자는
ἡ λύουσα	여성 단수 주격	풀고 있는 여자는
τοῦ λύοντος	남성 단수 소유격	풀고 있는 자의
οἱ λύοντες	남성 복수 주격	풀고 있는 자들(남자들)은
ταῖς λυούσαις	여성 복수 여격	풀고 있는 여자들에게
τάς λυούσας	여성 복수 목적격	풀고 있는 여자들을

157 분사의 용법(4): 형용적 용법

분사 앞에 관사가 있는 경우이다.

현재 분사	ὁ κύριος ὁ λύων τόν δοῦλον ...	설명	현재 능동태 분사 남성 단수 주격
		해석	종을 풀어주고 계신 주님께서 (동시적 상황)
부정과거 분사	ὁ κύριος ὁ λύσας τόν δοῦλον ...	설명	부정과거 능동태 분사 남성 단수 주격
		해석	종을 풀어주신 주님께서 (과거에 끝마친 행동)

158 분사의 용법(5): 시간을 나타내는 부사적 용법

분사 앞에 관사가 없는 경우이다.

현재 분사	λύων τόν δοῦλον ὁ κύριος ...	설명	현재 능동태 분사 남성 단수 주격
		해석	종을 풀어주시면서 주님께서는 (동시적 상황)
부정과거 분사	λύσας τόν δοῦλον ὁ κύριος ...	설명	부정과거 능동태 분사 남성 단수 주격
		해석	종을 풀어주신 후 주님께서는 (과거에 끝마친 행동)

159 분사의 용법(6): 주동사의 시제와 분사

1. 주의해야 할 것은 헬라어에서 현재분사는 주동사의 시제와 같은 시제로 해석된다는 것이다.
2. 주동사의 시제가 과거이면 현재분사의 의미상의 시제도 과거가 된다.

λύων τόν δοῦλον ὁ κύριος ἔλεγε τοῖς μαθηταῖς αὐτοῦ.

	설명	해석
λύων	λύω '내가 풀다' 의 현재 능동태 분사 남성 단수 주격	풀면서
τόν δοῦλον	δοῦλος '종' 의 남성 단수 목적격	종을
ὁ κύριος	κύριος '주님' 의 남성 단수 주격	주님께서는
ἔλεγε	λέγω '내가 말하다' 의 미완료과거 능동태 직설법 3인칭 단수 '(그가) 말하고 있었다'	'(그가) 말하고 있었다.
τοῖς μαθηταῖς	μαθητής '제자' 의 남성 복수 여격	제자들에게
αὐτοῦ.	인칭대명사, 남성 단수 소유격	그의
전체해석: 종을 풀어주면서 주님께서는 그의 제자들에게 말씀하고 계셨다.		

160 분사의 독립소유격

1. 주절과 종속절로 이루어진 문장이 있을 때 종속절의 동사가 분사형일 경우 그 분사의 의미상의 주어는 주격이 아니라 소유격이 된다.
2. 이것을 독립소유격이라고 한다.

3. 만약 종속절의 주어가 주격을 취할 경우 그것이 주절의 주어와 혼동될 수 있기 때문에 생긴 용법이다.

주절(주격 명사 + 직설법 동사) + 종속절(소유격 명사 + 분사의 소유격)

161 분사의 독립소유격: 예문

λύοντος τοῦ κυρίου τὸν δοῦλον λέγει ὁ ἀπόστολος.

	설명	해석
λύοντος	λύω '내가 풀다' 현재 능동태 분사 남성 단수 소유격	풀고 있을 때
τοῦ κυρίου	κύριος '주님' 의 남성 단수 소유격	주님의 (여기서는 '주님이')
τὸν δοῦλον	δοῦλος '종' 의 남성 단수 목적격	종을
λέγει	λέγω '내가 말하다' 의 현재 능동태 직설법 3인칭 단수 '(그가) 말한다'	(그가) 말한다.
ὁ ἀπόστολος.	'사도' 의 남성 단수 주격	사도는
전체해석: 주님이 종을 풀어주고 계실 때 사도가 이야기한다.		

* 여기서 종속절의 주어(주님)와 분사(풀다)가 모두 소유격인 것에 주의해야 한다.

162 부정사의 독립적 용법(ACI)

1. 분사의 독립소유격과 비슷한 것에 부정사의 독립적 용법이라는 것이 있다.
2. 헬라어에서는 종속절을 주절과 뚜렷이 구분해 주기 위해 종속절의 동사를 직설법 이외의 것으로 하려는 경향이 있다.
3. 그 때 분사를 사용하는 경우도 있지만 부정사를 사용하는 경우도 있다.
4. 이 경우에는 부정사의 의미상의 주어로 목적격을 사용한다. 이것을 국제적인 문법 용어로 ACI(accusativus cum infinitivo, 부정사와 함께 사용되는 목적격)이라고 한다.

주절(주격 명사 + 직설법 동사) + 종속절(목적격 명사 + 부정사)

163 부정사의 독립적 용법(ACI) 암기 요령

1. 종속절에서 부정사 혹은 분사가 사용될 경우 부정사의 의미상의 주어는 목적격이고 분사의 의미상의 주어는 소유격이다.
2. 그런데 나중에는 이것이 혼동이 된다. 이럴 때 사용하는 방법이 있는데 그것은 '부목사'라고 외우는 것이다. 뭐냐 하면 '부'정사의 '목'적격이라는 것이다. 그러면 자연히 분사는 소유격이 된다.
3. 그런데 좀 고급 헬라어로 가면 종속절에서 사용하는 분사도 소유격 명사만이 아니라 목적격 명사를 의미상의 주어로 취한다. 이것을 ACP(accusativus cum participio, 분사와 함께 사용되는 목적격)라고 한다. 하지만 이것은 예외적인 것이다.

164 제2부정과거 변화형(1)

1. 제2부정과거는 불규칙동사이다. 그런데 다행히 어미변화는 기존의 규칙동사의 것을 사용한다.
2. 제2부정과거는 직설법에서는 미완료과거의 어미를 사용하고 직설법 이외의 모든 법에서는 현재형 어미를 사용한다.
3. 그 이유는 아마도 그것들의 어미변화가 가장 단순하기 때문일 것이다.

165 제2부정과거 변화형(2)

1. 제2부정과거 분사는 제1부정과거 분사의 변화표가 아니라 현재분사의 변화표를 따른다.
2. βλέπω (내가 보다)의 제2부정과거형인 εἶδον (내가 보았다)을 예로 들어보자.

		현재 능동태 분사 남성형	제2부정과거 능동태 분사 남성형
단수	N	λύων	ἰδών *
	G	λύοντος	ἰδόντος
	D	λύοντι	ἰδόντι
	A	λύοντα	ἰδόντα
복수	N	λύοντες	ἰδόντες
	G	λυόντων	ἰδόντων
	D	λύουσι(ν)	ἰδοῦσι(ν)
	A	λύοντας	ἰδόντας

* εἶδον에서 첫 모음 '엡실론'이 생략된 것은 제2시상의 접두모음은 직설법에서만 사용되기 때문이다. 분사 등의 다른 법에서는 엡실론이 떨어져 나간다.

166 제2부정과거 변화형(3): 예문

ἰδὼν τὸν κυρίον ὁ δοῦλος ἔλαβε τὸ δῶρόν.

	설명	해석
ἰδὼν	βλέπω '내가 보다' 의 제2부정과거 능동태 분사 남성 단수 주격	본 후에 * 앞에 관사가 없으므로 시간을 나타내는 부사절로 해석한다.
τὸν κυρίον	κύριος '주님' 의 남성 단수 목적격	주님을
ὁ δοῦλος	'종' 의 남성 단수 주격	그 종은
ἔλαβε	λαμβάνω '내가 취하다' 의 제2부정과거 능동태 직설법 3인칭 단수	(그가) 취했다.
τὸ δῶρόν.	'선물' 의 중성 단수 목적격	그 선물을
전체해석: 종은 주님을 본 후에 그 선물을 취했다.		

* ἰδὼν의 입장에서 보았을 때 βλέπω를 '동사의 원형', εἶδον을 '시제 원형'이라고 부른다. 해당되는 시제의 가장 대표적 형태라는 뜻이다.

* 분사를 파싱(동사분석)할 때 '능동태 분사 3인칭 단수'와 같이 하지 않도록 주의해야 한다. 분사는 명사처럼 '남성 단수 주격' 등으로 파싱한다.

167 지시대명사: 이(this)

영어 this(와 that)에 해당하는 헬라어이다. 어미 변화는 명사와 같다.

	단수(this)			복수(these)		
	남성	여성	중성	남성	여성	중성
N	οὗτος	αὕτη	τοῦτο	οὗτοι	αὗται	ταῦτα
G	τούτου	ταύτης	τούτου	τούτων	τούτων	τούτων
D	τούτῳ	ταύτῃ	τούτῳ	τούτοις	ταύταις	τούτοις
A	τοῦτον	ταύτην	τοῦτο	τούτους	ταύτας	ταῦτα

168 지시대명사: 저(that)

	단수(that)			복수(those)		
	남성	여성	중성	남성	여성	중성
N	ἐκεῖνος	ἐκείνη	ἐκεῖνο	ἐκεῖνοι	ἐκείναι	ἐκεῖνα
G	ἐκείνου	ἐκείνης	ἐκείνου	ἐκείνων	ἐκεινῶν	ἐκείνων
D	ἐκείνῳ	ἐκείνῃ	ἐκείνῳ	ἐκείνοις	ἐκείναις	ἐκείνοις
A	ἐκεῖνον	ἐκείνην	ἐκεῖνο	ἐκείνους	ἐκείνας	ἐκεῖνα

169 지시대명사의 용법(1)

1. 지시대명사는 단독으로 쓰일 수도 있다.
2. 그럴 경우 '이 사람(남자)', '저 여자', '저것' 등으로 번역된다.

οὗτος	남성 단수 주격	이 사람은
αὕτη	여성 단수 주격	이 여자는
ἐκεῖνο	중성 단수 주격	저것은
ἐκεῖναι	여성 복수 주격	저 여자들은
ἐκεῖνα	중성 복수 주격	저것들은

170 지시대명사의 용법(2)

1. 지시대명사가 명사를 수식할 경우 명사에는 관사를 붙이고 지시대명사에는 관사를 붙이지 않는다.
2. 지시대명사는 명사의 앞에 와도 되고 뒤에 와도 된다.

<table>
<tr><td>οὗτος ὁ λόγος</td><td rowspan="2">남성 단수 주격</td><td rowspan="2">이 말씀은</td></tr>
<tr><td>ὁ λόγος οὗτος</td></tr>
<tr><td>ἐκείνη ἡ ἐκκλησία</td><td rowspan="2">여성 단수 주격</td><td rowspan="2">저 교회는</td></tr>
<tr><td>ἡ ἐκκλησία ἐκείνη</td></tr>
<tr><td>ἐκείνοις τοῖς δούλοις</td><td rowspan="2">남성 복수 여격</td><td rowspan="2">저 종들에게</td></tr>
<tr><td>τοῖς δούλοις ἐκείνοις</td></tr>
</table>

171 지시대명사의 용법(3): 예문

βλέπω ἐκεῖνον τὸν δοῦλον.	나는 저 종을 본다.
βλέπω τὸν δοῦλον ἐκεῖνον.	

지시대명사는 수식해 주는 명사 뒤에 와도 되고 앞에 와도 된다.

172 관계대명사

1. 헬라어 관계대명사는 선행사와 성, 수는 일치하지만 격은 선행사와 다를 수 있다.
2. 관계대명사의 격은 관계대명사가 이끄는 절 내에서의 역할에 따라 달라진다.

	단수			복수		
	남성	여성	중성	남성	여성	중성
N	ὅς (ὅστις)	ἥ (ἥτις)	ὅ	οἵ (οἵτινες)	αἵ (αἵτινες)	ἅ
G	οὗ	ἧς	οὗ	ὧν	ὧν	ὧν
D	ᾧ	ᾗ	ᾧ	οἷς	αἷς	οἷς
A	ὅν	ἥν	ὅ	οὕς	ἅς	ἅ

* 헬라어 관계대명사는 첫 모음(혹은 중모음) 위에 기식과 악센트가 함께 쓰여 있는 것으로 쉽게 구분된다.

173 관계대명사: 예문

ὁ δοῦλος ὅν βλέπω λαμβάνει τό δῶρον.

	설명	해석
ὁ δοῦλος	'종' 의 남성 단수 주격	그 종은(선행사)
ὅν	관계대명사, 남성 단수 목적격 *	(관계대명사)
βλέπω	'내가 보다' 의 현재 능동태 직설법 1인칭 단수 '내가 본다'	내가 보고 있는
λαμβάνει	λαμβάνω '내가 취하다' 의 현재 능동태 직설법 3인칭 단수 '그가 취한다'	(그가) 취한다
τό δῶρον.	δῶρον '선물' 의 중성 단수 목적격	그 선물을
전체해석: 내가 보고 있는 그 종은 그 선물을 취한다.		

* 위의 예에서 선행사 '종'은 남성 단수 주격이다. 그러나 '내가 보다'로 구성된 관계대명사 절 내에서는 '종'이 목적어이기 때문에 관계대명사는 남성 단수 목적격이다.

174 부정대명사

1. 특정되지 않은 것을 나타내는 대명사를 말한다.

2. 어떤 사람(someone), 어떤 것(something)을 뜻한다.

	단수		복수	
	남성/여성	중성	남성/여성	중성
N	τις	τι	τινές	τινά
G	τινός	τινός	τινῶν	τινῶν
D	τινί	τινί	τισί(ν)	τισί(ν)
A	τινά	τι	τινάς	τινά

175 의문대명사

'누가?' '어떤 것?'이라고 질문할 때 사용하는 대명사이다.

	단수		복수	
	남성/여성	중성	남성/여성	중성
N	τίς	τί	τίνες	τίνα
G	τίνος	τίνος	τίνων	τίνων
D	τίνι	τίνι	τίσι(ν)	τίσι(ν)
A	τίνα	τί	τίνας	τίνα

176 부정대명사와 의문대명사의 구분

1. 두 대명사는 철자는 같고 악센트의 있고 없음, 혹은 악센트의 위치에 따라 구분된다.
2. 헬라어에서 악센트가 단어의 의미를 결정하는 매우 드문 경우이다.
3. 두 대명사를 쉽게 구별하는 방법은 첫 음절인 '티'에 악센트가 있으면 의문대명사이고 그렇지 않으면 부정대명사이다.

177 부정대명사와 의문대명사의 용법(1)

부정대명사와 의문대명사는 독립적으로 쓰이기도 하고 명사와 함께 쓰이기도 한다.

	사용	예문	설명	해석
부정 대명사	명사와 함께	δοῦλος τις	남성 단수 주격	어떤 종
	독립적으로	λέγει τις	남성 단수 주격	어떤 사람이 말한다.
의문 대명사	명사와 함께	τίνα δοῦλον βλέπει;	남성 단수 목적격	그는 어떤 종을 보느냐?
	독립적으로	τίνα βλέπει;	남성 단수 목적격	그는 누구를 보느냐?

* 의문문 마지막에 헬라어 물음표인 세미콜론(;)이 사용된 것에 주목하라.

178 부정대명사와 의문대명사의 용법(2)

1. 의문대명사 중성 단수 목적격 τί는 '왜?'라는 의문부사로도 사용된다.
2. 중성 단수 주격도 같은 형태이지만 의문부사로 사용될 경우 목적격으로 분류한다.

τί λέγει ταῦτα ὁ δοῦλος;

	설명	해석
τί	의문대명사, 중성 단수 목적격	왜?
λέγει	λέγω '내가 말하다' 의 현재 능동태 직설법 3인칭 단수 '(그가) 말한다'	(그가) 말한다.
ταῦτα	지시대명사(this), 중성 복수 목적격	이것들을
ὁ δοῦλος;	'종' 의 남성 단수 주격	그 종은
전체해석: 그 종은 왜 이것들을 말하는가?		

179 3인칭대명사 αὐτός의 특수용법(1)

3인칭대명사는 명사와 함께 사용될 때 특수한 용법을 갖는다.

	3인칭 단수			3인칭 복수		
	남성	여성	중성	남성	여성	중성
N	αὐτός	αὐτή	αὐτό	αὐτοί	αὐταί	αὐτά
G	αὐτοῦ	αὐτῆς	αὐτοῦ	αὐτῶν	αὐτῶν	αὐτῶν
D	αὐτῷ	αὐτῇ	αὐτῷ	αὐτοῖς	αὐταῖς	αὐτοῖς
A	αὐτόν	αὐτήν	αὐτό	αὐτούς	αὐτάς	αὐτά

180 3인칭대명사 αὐτός의 특수용법(2)

αὐτός가 명사와 함께 사용될 때;

1. 3인칭 대명사 앞에 관사가 있으면 '동일한'이라는 뜻을 갖고,

2. 3인칭 대명사 앞에 관사가 없으면 '그 자신'이라는 뜻을 갖는다.

	설명	해석
ὁ ἀπόστολος αὐτός	관사 없이 사용: 그 자신	그 사도 자신 (the apostle himself)
ὁ ἀπόστολος ὁ αὐτός	관사가 붙음: 동일한	같은 그 사도 (the same apostle)

181 3인칭대명사 αὐτός의 특수용법(3): 암기요령

1. 바로 위의 예에서 제시한 영어 본문을 외워둔다.

the apostle *himself*	the *same* apostle

2. 여기서 himself와 same이 αὐτός에 해당한다. himself 바로 앞에는 관사가 없고 same 앞에는 있다.
3. 헬라어 본문에서 αὐτός 앞에 관사가 있으면 the same apostle 즉 '동일한'이고, 관사가 없으면 the apostle himself 즉 '그 자신'이다.

182 모음과 모음이 만났을 때 해결책

헬라어에서는 모음과 모음이 만나는 것을 극도로 싫어한다. 원래 한 단어에 있던 모음들은 어쩔 수 없지만 다른 단어가 앞뒤에 붙거나 동사 어간에 어미가 붙어서 모음끼리 만나게 되면 그것을 그냥 내버려 두지 못한다. 그럴 경우의 해결책들을 살펴보기로 하자.

183 모음과 모음이 만났을 때 해결책: 단어와 단어(1)

첫 번째 경우는 단어와 단어가 만났을 때이다.

	상황	해결책
단어 + 단어	약한 품사(접속사, 전치사) + 강한 품사	약한 품사의 마지막 모음을 없애고 그 자리를 생략부호(apostrophe)로 대신한다.
	강한 품사 + 강한 품사	두 단어 사이에 약한 자음인 '뉘' (ν)를 삽입한다.

1. 두 단어가 만났는데 앞 단어의 마지막 철자와 뒷 단어의 첫 철자가 모두 모음인 경우이다.
2. 이럴 경우 앞 단어가 혹시 약한 품사에 속하는지 살핀다. 헬라어에서 약한 품사는 접속사와 전치사이다.
3. 그럴 경우 약한 품사의 마지막 모음을 없애고 그 자리를 생략부호(apostrophe)로 대신한다.

184 모음과 모음이 만났을 때 해결책: 단어와 단어(2)

예를 들어보자.

	전	후	설명
접속사	ἀλλὰ + ὁ δοῦλος*	ἀλλ' ὁ δοῦλος 그러나 그 종은	ἀλλά의 마지막 모음을 탈락시킨다. 그곳에 생략부호(')를 붙여서 원래 모음이 있던 자리임을 표시한다.
전치사	διὰ + αὐτοῦ	δι' αὐτοῦ 그를 통하여	διά의 마지막 모음을 탈락시킨다. 그러나 이오타까지 없애지는 않는다.

* 관사 '호'는 '히웋'으로 시작하기 때문에 우리가 볼 때는 '자음+모음'이다. 그러나 헬라어에서는 '호'는 '오'에 강기식이 달린 것일 뿐 여전히 모음이다.

185 모음과 모음이 만났을 때 해결책: 단어와 단어(3)

1. 이번에는 접속사나 전치사가 아닌 강한 품사의 단어들끼리 만난 경우이다.
2. 이럴 때는 두 단어 사이에 약한 자음인 '뉘'(ν)를 삽입한다. 헬라어에서는 '뉘'를 약한 자음으로 취급한다.

전	후	설명
ἀγαθὸς ἐστι + ὁ δοῦλος	ἀγαθὸς ἐστιν ὁ δοῦλος 그 종은 선하다.	동사와 관사가 만나는 경우 중간에 자음 '뉘'(ν)를 집어넣는다.

* 그런데 어떤 때는 모음 뒤에 모음이 오지도 않았는데 습관적으로 '뉘'(ν)를 붙이기도 한다. 이런 것을 '그것이 왜 붙었는지 원칙이 정해지지 않은 뉘'라고 해서 '부정 뉘' 혹은 'movable 뉘'라고 부른다.

186 모음과 모음이 만났을 때 해결책: 모음축약

1. 두 번째 경우는 동사의 어간과 어미 사이에서 모음들이 충돌하는 경우이다.
2. 이럴 경우에는 두 모음을 하나의 모음으로 축약시키는데 이를 모음축약이라고 한다.

상황	해결책	예
① 장모음, 단모음에 상관없이 두 모음의 음가가 같을 경우	두 모임이 축약되어 그 음가의 장모임이 된다.	ϵ + η = η ω + ο = ω ο + ω = ω η + η = η
② '오' 음가를 가진 모음이 앞이나 뒤 중 어디에건 있을 경우	두 모음이 축약되어 '오메가'(ω)가 된다. * 별명: '오'가 강하다.	α + ο = ω ο + υ = ω ο + ω = ω η + ο = ω

③ 두 모음의 음가가 다르고 '오' 음가를 가진 모음이 없을 경우	앞 모음의 장모음으로 축약 되고 뒷 모음은 탈락한다. * 별명: 선착순	$\epsilon+\alpha=\eta$ $\alpha+\epsilon=\alpha$ $\eta+\alpha=\eta$

187 모음과 모음이 만났을 때 해결책: 모음축약의 예외(1)

그러나 다음의 경우에는 모음축약 법칙이 적용되지 않는다. 헬라어에서 자주 나타나는 경우이기 때문에 발음에 편리하도록 예외가 생긴 것이다.

	예외인 이유
$\epsilon+\epsilon=\epsilon\iota$ (에에에이)	같은 음가의 모음이 두 개이므로 그 음가의 장모음 ('애타' 와 '오메가')가 되었어야 한다.
$o+o=o\upsilon$ (오오우)	
$o+\epsilon=o\upsilon$ (오에우)	두 모음 중 하나의 음가가 '오' 이니 오메가가 되었어야 한다.
$\epsilon+o=o\upsilon$ (에오우)	
$o+\epsilon\iota=o\iota$ (오에이오이)	두 모음 중 하나의 음가가 '오' 이니 오메가가 된 후 이오타를 하기(下記)했어야(iota subscript) 한다.
$o+ῃ=o\iota$ (오애오이)	

188 모음과 모음이 만났을 때 해결책: 모음축약의 예외(2)

1. 그리고 중모음은 모음축약의 적용을 받지 않는다.
2. 중모음이란 두 모음을 항상 함께 쓰면서 하나의 모음처럼 취급하는 것을 말한다.
3. 중모음에는 '아이'(αι), '아우'(αυ), '에이'(ει), 유(ευ), '오이'(οι), 우(ου), 위(υι)가 있다.
4. 이것들 중 하나가 어간 마지막에 오면 그 다음에 모음으로 시작되는 어미가 와도 모음축약이 발생하지 않는다.

189 모음과 모음이 만났을 때 해결책: 모음축약의 예외(2)의 연습

어간이 중모음으로 끝났을 때는 모음축약이 발생하지 않는다.

πιστεύων

원형	πιστεύω
분석	πιστεύ + ων
파싱	πιστεύω '믿다'의 현재 능동태 분사 남성 단수 주격 '믿는 자는'

어간의 마지막 모음이 중모음(ευ)이기 때문에 그 다음에 오메가가 와도 아무런 모음축약이 발생하지 않는다.

190 유음동사

1. 유음동사란 어간이 소위 말하는 '유음자음'(λ, μ, ν, ρ)으로 끝나는 동사를 말한다.
2. 이 동사의 어간에 미래 시제나 부정과거 시제의 어미가 붙으면 어미의 시그마가 탈락하고 어간모음에 변화가 생긴다.
3. 예를 들면 μένω '머물다'의 미래는 μένσω가 아니라 시그마가 탈락된 형태인 μενῶ이다. 미래형의 경우에는 마지막 악센트가 서컴플랙스(circumflex)로 변한다. 부정과거의 경우에도 ἐμένσα가 아니라 ἔμεινα가 된다. 자음이 탈락한 대신 모음이 변한 것을 볼 수 있다. 유음동사는 완료형의 경우에도 불규칙한 변화를 야기한다.

191 유음동사의 처리

유음동사의 원리를 이해해서 각 단어에 규칙적으로 적용시키겠다는 생각은 안 하는 것이 좋다. 왜냐하면 각 단어마다 워낙 불규칙하게 변하기 때문이다. 그렇기 때문에 유음동사는 어미의 시그마가 생략된다는 정도만 기억해 두고 각 단어들이 나올 때마다 그냥 외워야 한다.

192 재귀대명사

1. 재귀대명사는 나 자신(myself), 너 자신(yourself), 그 자신(himself) 등을 나타낼 때 사용된다.
2. 이것 역시 성, 수, 격에 따라 어미가 변한다.
3. 재귀대명사의 어미 변화는 3인칭대명사 αὐτός의 것과 거의 같다.

193 재귀대명사: 1인칭

1인칭 재귀대명사 '나 자신'의 변화형

	단수		복수	
	남성	여성	남성	여성
G	ἐμαυτοῦ	ἐμαυτῆς	ἐμαυτῶν	ἐμαυτῶν
D	ἐμαυτῷ	ἐμαυτῇ	ἐμαυτοῖς	ἐμαυταῖς
A	ἐμαυτόν	ἐμαυτήν	ἐμαυτούς	ἐμαυτάς

1. 대화를 나누고 있는 나와 너는 항상 인간이기 때문에 1,2인칭 재귀대명사에는 중성이 없다.
2. 3인칭 재귀대명사에는 중성이 있다.
3. 재귀대명사에 주격이 없는 이유는 헬라어에서는 인칭대명사 자체가 강조의 역할을 하기 때문이다.

소유격을 예를 들어 설명하자면 평범한 인칭대명사 '나의'(μου) 대신에

재귀대명사 '나 자신의'(ἐμαυτοῦ)를 사용하는 것은 '다른 사람의 것이 아닌 나 자신의 것'이라는 것을 강조하기 위해서이다. 그런데 주격의 경우 동사의 어미 자체가 이미 인칭을 드러내 주기 때문에 따로 인칭대명사를 쓸 필요가 없다. 주어를 강조하고 싶을 경우 인칭대명사만 써도 충분히 강조가 된다. 따라서 강조를 위한 주격 재귀대명사는 필요하지 않다.

194 재귀대명사: 2인칭

2인칭 재귀대명사 '너 자신'의 변화형

	단수		복수	
	남성	여성	남성	여성
G	σεαυτοῦ	σεαυτῆς	σεαυτῶν	σεαυτῶν
D	σεαυτῷ	σεαυτῇ	σεαυτοῖς	σεαυταῖς
A	σεαυτόν	σεαυτήν	σεαυτούς	σεαυτάς

195 재귀대명사: 3인칭

3인칭 재귀대명사 '그 자신, 그녀 자신, 그것 자신'의 변화형

	단수			복수		
	남성	여성	중성	남성	여성	중성
G	ἑαυτοῦ	ἑαυτῆς	ἑαυτοῦ	ἑαυτῶν	ἑαυτῶν	ἑαυτῶν
D	ἑαυτῷ	ἑαυτῇ	ἑαυτῷ	ἑαυτοῖς	ἑαυταῖς	ἑαυτοῖς
A	ἑαυτόν	ἑαυτήν	ἑαυτό	ἑαυτούς	ἑαυτάς	ἑαυτά

* 재귀대명사 1,2,3인칭의 구분은 첫 부분을 따서 '에마, 세아, 헤아'라고 외우면 편리하다.

196 재귀대명사: 용법(1)

헬라어 재귀대명사는 영어의 재귀대명사와 그 용법이 거의 같다.

οὐ δοξάζω ἐμαυτόν.

	설명	해석
οὐ	부정(否定)사(not) * 직설법에서 사용	...가 아니다
δοξάζω	'내가 영화롭게 하다' 의 현재 능동태 직설법 1인칭 단수 '내가 영화롭게 하다'	내가 영화롭게 하다.
ἐμαυτόν.	재귀대명사 단수 1인칭 목적격	나 자신을
전체해석: 나는 나 자신을 영화롭게 하지 않는다.		

197 재귀대명사: 용법(2)

재귀대명사는 전치사와 결합하기도 한다.

ἔχω ζωὴν ἐν ἐμαυτῷ.

	설명	해석
ἔχω	'내가 가지다'의 현재 능동태 직설법 1인칭 단수 '내가 가지고 있다'	내가 가지고 있다.
ζωὴν	ζωή '생명'의 여성 단수 목적격	생명을
ἐν	전치사, + 여격 = ... 안에	...안에
ἐμαυτῷ.	재귀대명사, 단수 1인칭 여격	나 자신(에게) *
전체해석: 나는 내 자신 속에 생명을 가지고 있다.		

* 전치사 다음에 나오는 명사의 격은 그 격의 원래의 의미를 상실한다.

198 상호대명사

상호대명사는 '서로서로'라는 뜻을 가졌고 신약성경에는 다음의 세 가지 격만 등장한다.

G	ἀλλήλων	서로서로의
D	ἀλλήλοις	서로서로에게
A	ἀλλήλους	서로서로를

199 상호대명사: 예문

βλέπουσιν ἀλλήλους

	설명	해석
βλέπουσιν	βλέπω '내가 보다' 의 현재 능동태 직설법 3인칭 복수 '그들이 본다'	그들이 본다
ἀλλήλους	상호대명사 목적격	서로서로를
전체해석: 그들이 서로서로를 본다.		

200 수사: 1의 변화

헬라어에서는 수사도 성과 격에 따라 달라진다.

	남성	여성	중성
N	εἷς	μία	ἕν
G	ἑνός	μιᾶς	ἑνός
D	ἑνί	μιᾷ	ἑνί
A	ἕνα	μίαν	ἕν

201 수사: '하나도 없다'의 변화

남성	여성	중성	해석
οὐδείς	οὐδεμία	οὐδέν	하나도 없다
μηδείς	μηδεμία	μηδέν	하나도 없다

1. 위의 두 가지도 εἷς와 똑같이 변화한다.
2. '우데이스'는 직설법에서 사용되고 '매데이스'는 직설법 이외의 법에서 사용된다.

202 수사: 2의 변화

δύο

헬라어 δύο는 여격이 δυσί(ν)으로 변하는 것을 제외하고는 성과 격에 따른 변화가 없다.

	남성	여성	중성
N	δύο	δύο	δύο
G	δύο	δύο	δύο
D	δυσί(ν)	δυσί(ν)	δυσί(ν)
A	δύο	δύο	δύο

203 수사: 3의 변화

	남성, 여성	중성
N	τρεῖς	τρία
G	τριῶν	τριῶν
D	τρισί(ν)	τρισί(ν)
A	τρεῖς	τρία

204 수사: 4의 변화

	남성, 여성	중성
N	τέσσαρες	τέσσαρα
G	τεσσάρων	τεσσάρων
D	τέσσαρσι(ν)	τέσσαρσι(ν)
A	τέσσαρας	τέσσαρα

4를 넘어서는 숫자는 200까지는 불변사이다. 즉 성수격에 따른 변화가 없다.

205 형용사의 비교법과 최상급(1)

영어에서 비교급에는 –er 최상급에는 –est를 붙이듯이 헬라어에서도 다음과 같은 어미를 붙인다.

	남성	여성	중성
비교급	- τερος	- τερα	- τερον
	- ιων	- ιων	- ιον
최상급	- τατος	- τατη	- τατον
	- ιστος	- ιστη	- ιστον

206 형용사의 비교급과 최상급(2)

헬라어에서는 많은 형용사가 불규칙적인 비교급과 최상급을 갖는다.

예를 들면

작은	더 작은	가장 작은
μικρός	ἐλάσσων	ἐλάχιστος

207 형용사의 비교급과 최상급(3)

1. μέγας '큰'의 비교급인 μείζων, ον의 변화는 다음과 같다. (*영어 major의 어원)
2. 끝이 ων으로 끝나는 비교급들은 모두 이렇게 변화한다.

	단수		복수	
	남성, 여성	중성	남성, 여성	중성
N	μείζων	μεῖζον	μείζονες	μείζονα
G	μείζονος	μείζονος	μειζόνων	μειζόνων
D	μείζονι	μείζονι	μείζοσι(ν)	μείζοσι(ν)
A	μείζονα	μεῖζον	μείζονας	μειζονα

208 형용사의 비교급과 최상급(4)

1. 영어에서는 두 가지를 비교할 때 비교대상 앞에 than을 놓는다.

   I think that A is more important than B.

2. 헬라어에서는 두 가지 방법이 사용된다.

   ① 영어 than에 해당하는 단어 ἤ를 쓰고 그 뒤에 B를 놓는 방법

   ② 형용사의 비교급을 쓰고 그 다음에 B의 소유격을 사용하는 방법

209 형용사의 비교급과 최상급(5)

① 영어 than에 해당하는 단어 ἤ를 쓰고 그 뒤에 B를 놓는 경우의 예

ἀγαπάω μᾶλλον τόν ἀπόστολον ἤ τόν δοῦλον.

	설명	해석
ἀγαπάω	'내가 사랑하다' 의 현재 능동태 직설법 1인칭 단수 '내가 사랑하다'	나는 사랑한다.
μᾶλλον	부사, 더욱(more), 더	더
τόν ἀπόστολον	ἀπόστολος '사도' 의 남성 단수 목적격	사도를
ἤ	...보다 (비교, 영어의 than에 해당)	...보다
τόν δοῦλον.	δοῦλος '종' 의 남성 단수 목적격	종을
전체해석: 나는 종보다 사도를 더 사랑한다.		

* 비교 되고 있는 사도와 종은 격이 같아야 한다. 여기서는 목적격이다.

210 형용사의 비교급과 최상급(6)

② 형용사의 비교급을 쓰고 그 다음에 B의 소유격을 사용하는 경우의 예

μείζονα τούτων ποιήσει.

	설명	해석
μείζονα	μέγας '큰'의 비교급인 μείζων, ον 의 복수 중성 목적격 '더 큰 일들을'	더 큰 일들을
τούτων	지시대명사 οὗτος (this)의 복수 중성 소유격	이것들보다 (* 비교의 소유격)
ποιήσει.	ποιέω '내가 행하다' 의 미래 능동태 직설법 3인칭 단수 '그가 행할 것이다'	그가 행할 것이다.
전체해석: 그가 이것들보다 더 큰 일들을 행할 것이다.		

211 형용사의 비교급과 최상급(7)

* 위의 예문에서 사용된 ποιήσει에 대한 참고적 설명

1. 어간(ποιέ)이 모음으로 끝나는 경우 그 뒤에 자음으로 시작하는 어미(σει)가 오면 어간의 마지막 모음이 장모음화 된다.
2. ποιέω의 어간 ποιε에 자음 시그마로 시작되는 미래형 어미가 붙었기 때문에 어간의 마지막 모음인 엡실론이 애타로 변한 것이다.
3. 이것은 모든 어미변화에 해당되는 원리이다.

212 πᾶς의 변화

'모든'(영어의 all)에 해당하는 헬라어 πᾶς는 다음과 같이 변한다.

	단수			복수		
	남성	여성	중성	남성	여성	중성
N	πᾶς	πᾶσα	πᾶν	πάντες	πᾶσαι	πάντα
G	παντός	πάσης	παντός	πάντων	πασῶν	πάντων
D	παντί	πάσῃ	παντί	πᾶσι(ν)	πάσαις	πᾶσι(ν)
A	πάντα	πᾶσαν	πᾶν	πάντας	πάσας	πάντα

213 πᾶς의 용법(1)

1. 위의 변화표를 보고 당황하게 되는 이유는 πᾶς에 단수형이 있다는 사실 때문이다. 우리 말로 '모든'은 당연히 복수 개념이다.
2. 그러나 헬라어에서는 이 단어가 단수 명사 혹은 분사의 단수형을 수식하기도 한다.
3. 참고로 영어에서도 all 이 단독으로 사용될 때는 단수로 취급된다. '고요한 밤, 거룩한 밤' 첫 부분의 가사이다: Silent night, holy night. All *is* calm, all *is* bright.

   All 이 단수로 취급되기 때문에 be 동사로 is가 사용된다. 헬라에서도 마찬가지이다.

214 πᾶς의 용법(2)

1. 단수형으로 사용될 경우 일반적인 뜻은 '전체'(whole)이다.
2. 단수 명사와 함께 사용될 때는 가끔 '각'(each)의 의미로도 사용된다.

	설명	해석
πᾶσα ἡ ἐκκλησία	여성 단수 주격	교회 전체
πᾶν ὄρος	중성 단수 주격	각 산마다

215 격의 용법들: 수단의 여격

명사의 격들은 수단, 시간, 공간 등을 나타낼 때 사용되기도 한다.
여격을 사용하여 수단을 표현한다.

ἄγω τοὺς δοὺλους λόγοις ἁγίοις.

	설명	해석
ἄγω	'내가 인도하다' 의 현재 능동태 직설법 1인칭 단수 '내가 인도하다'	내가 인도한다.
τοὺς δοὺλους	δοῦλος '종' 의 남성 복수 목적격	종들을
λόγοις	λόγος '말씀' 의 남성 복수 여격	말씀으로써
ἁγίοις.	ἅγιος, α, ον 형용사 '거룩한' 의 남성 복수 여격	거룩한
전체해석: 나는 종들을 거룩한 말씀으로써 인도한다. (* 말씀을 수단으로 하여)		

216 격의 용법들: 시간과 공간의 목적격

경과한 시간, 여행한 거리 등을 나타낼 때 목적격을 사용한다.

ἔμεινεν μίαν ἡμέραν.

	설명	해석
ἔμεινεν	μένω '내가 머물다' 의 부정과거 능동태 직설법 3인칭 단수 '그가 머물렀다'	그가 머물렀다.
μίαν	εἷς, μία, ἕν '하나(1)' 의 여성 단수 목적격	하나의
ἡμέραν.	ἡμέρα '날(day)' 의 여성 단수 목적격	날 (동안)
전체해석: 그는 하룻 동안 머물렀다.		

* μένω는 유음동사이다. 따라서 시그마가 붙지 않고 불규칙하게 변화했다.
* 이 외에도 헬라어에는 상당히 많은 격의 용법들이 있다.

217 독해연습 1

지금까지 배웠던 것들을 실제 독해를 통해 연습해 보자.

ἀδελφὸς βλέπει ἄνθρωπον καὶ δοῦλος γράφει λόγους.

	설명	해석
ἀδελφὸς	'형제' 의 남성 단수 주격	형제는
βλέπει	βλέπω '내가 보다' 의 현재 능동태 직설법 3인칭 단수	그가 본다
ἄνθρωπον	ἄνθρωπος '사람' 의 남성 단수 목적격	사람을
καὶ	접속사, 그리고	그리고
δοῦλος	'종' 의 남성 단수 주격	종은
γράφει	γράφω '내가 쓰다' 의 현재 능동태 직설법 3인칭 단수	(그가) 쓴다
λόγους.	λόγος '말씀' 의 남성 복수 목적격	말씀들을
전체해석: 형제는 사람을 본다. 그리고 종은 말씀들을 적는다.		

218 독해연습 2

ἔλεγον ταῖς καρδίαις τῶν ἀνθρώπων τὴν παραβολὴν καὶ τὸν νόμον.

	설명	해석
ἔλεγον	λέγω '내가 말하다' 의 미완료과거 능동태 직설법 1인칭 단수 (혹은 3인칭 복수)	나는 말하고 있었다. 그들은 말하고 있었다.
ταῖς καρδίαις	καρδία '마음, 심장' 의 여성 복수 여격	그 마음들에게
τῶν ἀνθρώπων	ἄνθρωπος '사람' 의 남성 복수 소유격	그 사람들의
τὴν παραβολὴν	παραβολή '비유' 의 여성 단수 목적격	그 비유를
καὶ	접속사, 그리고	그리고
τὸν νόμον.	νόμος '율법' 의 남성 단수 목적격	율법을
전체해석: 나는 그 사람들의 마음들에게 비유와 율법을 말하고 있었다.		

219 독해연습 3

διὰ τὴν δόξαν τοῦ θεοῦ ἐγείρει ὁ κύριος τοὺς νεκρούς.

	설명	해석
διὰ	전치사, + 목적격 = ... 때문에	... 때문에
τὴν δόξαν	δόξα '영광' 의 여성 단수 목적격	영광(을) *1
τοῦ θεοῦ	θεός '하나님' 의 남성 단수 소유격	하나님의
ἐγείρει	ἐγείρω '내가 일으키다' 의 현재 능동태 직설법 3인칭 단수	(그가) 일으킨다.
ὁ κύριος	'주님' 의 남성 단수 주격	주님은
τοὺς νεκρούς.	νεκρός, ά, όν 형용사 '죽은' 의 남성 복수 목적격	죽은 자들을 *2
전체해석: 주님은 하나님의 영광 때문에 죽은 자들을 일으키신다.		

*1 전치사 다음에 나오는 명사의 격은 그 격의 원래의 의미를 상실한다.

*2 관사 + 형용사 = 일반명사

220 독해연습 4

νῦν λαμβάνω αὐτὸς τὸ αὐτὸ εὐαγγέλιον ἀπὸ τοῦ κυρίου μου.

	설명	해석
νῦν	지금, 이제	지금
λαμβάνω	'내가 취하다' 의 현재 능동태 직설법 1인칭 단수	내가 취한다.
αὐτὸς	3인칭 대명사의 특수용법 *1	자신이
τὸ αὐτὸ εὐαγγέλιον	3인칭 대명사의 특수용법 *1 '복음' 의 중성 단수 목적격	그 동일한 복음을
ἀπὸ	전치사, + 소유격 = ...로부터	....로부터
τοῦ κυρίου	κύριος '주님' 의 남성 단수 소유격	주님(의) *2
μου.	인칭대명사 1인칭 단수 소유격	나의
전체해석: 지금 나 자신이 나의 주님으로부터 동일한 복음을 취한다.		

*1 αὐτός가 관사와 함께 쓰이면 '동일한'(same)의 뜻이고 관사 없이 사용되면 '자신이'(himself)의 뜻이다. the apostle *himself*. the *same* apostle 로 암기했었다.

*2 전치사 다음에 나오는 명사의 격은 그 격의 원래의 의미를 상실한다.

221 독해연습 5

λέγετε ἐκείνοις τοῖς ἁμαρτωλοῖς ὅτι σῴζεσθε ὑπὸ τοῦ θεοῦ ἀπὸ τῶν ἁμαρτιῶν ὑμῶν.

	설명	해석
λέγετε	λέγω '내가 말하다' 의 현재 능동태 직설법 2인칭 복수 '너희는 말한다'	너희는 말한다.
ἐκείνοις	ἐκεῖνος, η, ο 지시대명사 '저(that)' 의 남성 복수 여격	저
τοῖς ἁμαρτωλοῖς	ἁμαρτωλός '죄인' 의 남성 복수 여격	죄인들에게
ὅτι	...라고 (영어의 I think that ... 의 that)	.... 라고
σῴζεσθε	σῴζω '구원하다' 의 현재 수동태 직설법 2인칭 복수 '너희는 구원 받는다'	너희는 구원 받는다.
ὑπὸ	전치사, + 소유격 = ...에 의하여	...에 의하여
τοῦ θεοῦ	θεός '하나님' 의 남성 단수 소유격	하나님(의) *
ἀπὸ	전치사, + 소유격 = ...로부터	...로부터
τῶν ἁμαρτιῶν	ἁμαρτία '죄' 의 여성 복수 소유격	죄들(의) *
ὑμῶν.	인칭대명사, 2인칭 복수 소유격	너희들의
전체해석: 너희는 저 죄인들에게 너희들이 너희들의 죄들로부터 하나님에 의해 구원을 받는다고 말한다.		

* 전치사 다음에 나오는 명사의 격은 그 격의 원래의 의미를 상실한다.

222 독해연습 6

μετά τὰς ἡμέρας τὰς κακὰς βλέπομεν τὴν βασιλεὶαν τοῦ κυρίου ἡμῶν.

	설명	해석
μετά	전치사, + 목적격 = ...후에	...후에
τὰς ἡμέρας	ἡμέρα '날' 의 여성 복수 목적격	날들(을)
τὰς κακὰς	κακός, ή, όν 형용사 '악한' 의 여성 복수 목적격 *	악한
βλέπομεν	βλέπω '내가 보다' 의 현재 능동태 직설법 1인칭 복수 '우리가 보다'	우리가 본다
τὴν βασιλεὶαν	βασιλεὶα '나라' 의 여성 단수 목적격	나라를
τοῦ κυρίου	κύριος '주님' 의 남성 단수 소유격	주님의
ἡμῶν.	인칭대명사 1인칭 복수 소유격	우리의
전체해석: 그 악한 날들 후에 우리는 우리 주님의 나라를 본다.		

* 형용사 앞에 관사가 붙었으니 '날들'을 수식하는 형용적 용법이다.

223 독해연습 7

ἠκούομεν τῆς φωνῆς αὐτοῦ ἐν ἐκείναις ταῖς ἡμέραις, νῦν δὲ οὐκέτι ἀκούομεν αὐτῆς.

	설명	해석
ἠκούομεν	ἀκούω '내가 듣다' (목적어로 목적격이나 소유격을 취한다)의 미완료과거 능동태 직설법 1인칭 복수 '우리가 듣고 있었다' *	우리가 듣고 있었다. (과거 진행형)
τῆς φωνῆς	φωνή '소리, 음성' 의 여성 단수 소유격 * 앞의 동사가 소유격을 목적어로 취한다.	음성을
αὐτοῦ	인칭대명사, 남성 단수 소유격	그의
ἐν	전치사, + 여격 = ...안에서	...안에서
ἐκείναις	ἐκεῖνος, η, ο 지시대명사 '저(that)' 의 여성 복수 여격	저
ταῖς ἡμέραις,	ἡμέρα '날' 의 여성 복수 여격	날들(에게)
νῦν	부사, 지금	지금
δὲ	접속사, 그러나, 그런데	그런데
οὐκέτι	부사, 더 이상 ...하지 않다.	더 이상 ...하지 않다.
ἀκούομεν	ἀκούω '내가 듣다' 의 현재 능동태 직설법 1인칭 복수 '우리가 듣는다'	우리는 듣는다.

αὐτῆς.	인칭대명사 여성 단수 소유격 * 여기서는 여성 명사 '음성' 을 뜻한다. * '듣다' 가 소유격을 취하기 때문에 '음성을' 로 번역한다.	그것을(그 음성을)
전체해석: 우리는 저 때(날들)에는 그의 음성을 들었었다. 그러나 이제는 우리는 더 이상 그 음성을 듣지 않는다.		

* ἀκούω앞에 제2시상에 붙는 접두모음 엡실론이 붙어서 '엡실론 + 알파'가 되었다. 이 경우 '오' 음가를 가진 모음이 없으므로 엡실론과 알파 중에서 앞 모음인 엡실론이 장모음이 되고(애타) 뒷모음 알파는 탈락한다.

224 독해연습 8

ἐν ἐκείναις ταῖς ἡμέραις καὶ ἐδιδασκόμεθα ὑπ' αὐτοῦ καὶ ἐδιδάσκομεν τοὺς ἄλλους, ἀλλὰ νῦν οὐδὲ διδασκόμεθα οὐδὲ διδάσκομεν.

	설명	해석
ἐν	전치사, + 여격 = ...안에	...안에
ἐκείναις	ἐκεῖνος, η, ο 지시대명사 '저(that)'의 여성 복수 여격	저
ταῖς ἡμέραις	ἡμέρα '날'의 여성 복수 여격	날들(에게)
καὶ	접속사, 그리고 아래 설명 *1 참조	'A도 B도' (both A and B)
ἐδιδασκόμεθα	διδάσκω '가르치다'의 미완료과거 수동태 직설법, 1인칭 복수	우리가 가르침을 받았다. (과거진행형)
ὑπ'	전치사, + 소유격 = ...에 의해 *2	...에 의해
αὐτοῦ	인칭대명사, 남성 단수 소유격	그(의)
καὶ	아래 설명 *1 참조	'A도 B도' (both A and B)
ἐδιδάσκομεν	διδάσκω '가르치다'의 미완료과거 능동태 직설법, 1인칭 복수	우리가 가르쳤다. (과거진행형)
τοὺς ἄλλους,	ἄλλος, η, ο '다른' (another, other)의 남성 복수 목적격	다른 사람들을

ἀλλὰ	접속사, 그러나	그러나
νῦν	부사, 지금	지금은
οὐδὲ	아래 설명 *3 참조	...하지도 않고
διδασκόμεθα	διδάσκω '가르치다' 의 현재 수동태 직설법 1인칭 복수	우리는 가르침을 받는다.
οὐδὲ	아래 설명 *3 참조	...하지도 않는다
διδάσκομεν.	διδάσκω '가르치다' 의 현재 능동태 직설법 1인칭 복수	우리가 가르친다
전체해석: 저 때(날들)에는 우리가 그에 의해 가르침을 받기도 하고 우리가 다른 이들을 가르치기도 했었다. 그러나 지금은 우리가 가르침을 받지도 않고 가르치지도 않는다.		

*1 καὶ A καὶ B는 영어의 'both A and B'와 같이 'A와 B 모두'라는 뜻이다.

*2 ὑπό에서 마지막 '오미크론'이 생략된 것은 그 다음 단어의 첫 철자가 모음이기 때문이다. '휘포'는 전치사로서 약한 품사이기 때문에 마지막 모음 '오미크론'이 생략되고 그 자리에 생략부호(apostrophe)가 붙는다.

*3 οὐδὲ A οὐδὲ B는 영어의 'neither A nor B'와 같이 'A와 B 모두 아니다'라는 뜻이다.

225 독해연습 9

οὗτός ἐστιν ὁ βαπτίζων ἐν πνεύματι ἁγίῳ.

	설명	해석
οὗτός	οὗτος, αὕτη, τοῦτο 지시대명사 '이(this)'의 남성 단수 주격	이 사람은 *1
ἐστιν	εἰμί '내가 있다, ... 이다'의 현재 능동태 직설법 3인칭 단수	(그는) ...이다
ὁ	관사, 남성 단수 주격	그
βαπτίζων	βαπτίζω '내가 세례 주다'의 현재 능동태 분사 남성 단수 주격 *2	세례 주는 자
ἐν	전치사, + 여격 = ...안에, ...으로(수단)	...으로
πνεύματι	πνεῦμα, τος '성령, 영'의 중성 단수 여격	성령(에게)
ἁγίῳ.	ἅγιος, α, ον '거룩한'의 중성 단수 여격	거룩한
전체해석: 이 사람은 성령으로 세례를 주는 자이다.		

*1 지시 대명사가 수식을 받는 명사 없이 단독으로 사용되면 그 성에 따라 '이 남자, 이 사람, 이 여자, 이것' 등으로 해석된다.

*2 분사 앞에 관사가 있으니 형용적 용법인데 수식을 받는 명사가 없으니 그냥 '세례를 주는 사람'으로 해석한다. 만약 현재분사가 아니라 부정과거 분사였다면 '세례를 준 사람'으로 해석해야 한다.

226 독해연습 10

λαβόντες ταῦτα παρὰ τῶν δούλων ἐξῆλθον οἱ ἀπόστολοι.

	설명	해석
λαβόντες	λαμβάνω '내가 취하다' 의 제2부정과거 능동태 분사 남성 복수 주격 *1	취한 후 *2
ταῦτα	οὗτος, αὕτη, τοῦτο 지시대명사 '이(this)' 의 중성 복수 목적격	이것들을
παρὰ	전치사, + 소유격 = ...로부터	...로부터
τῶν δούλων	δοῦλος '종' 의 남성 복수 소유격	종들(의) *3
ἐξῆλθον	ἐξέρχομαι '내가 나가다' 의 제2부정과거 능동태 직설법 3인칭 복수 *4	(그들이) 나갔다.
οἱ ἀπόστολοι.	ἀποστολος '사도' 의 남성 복수 주격	사도들은
전체해석: 이것들을 종들로부터 취한 후 사도들은 나갔다.		

*1 λαμβάνω의 부정과거형은 불규칙적이다. 즉 제2부정과거를 갖는다. 그것은 ἔλαβον 이다. 제2부정과거의 분사형은 현재분사의 어미를 취한다. 그렇기 때문에 여기서 현재분사 남성 복수 주격의 어미인 οντες가 붙었다.

*1 제2부정과거 분사에서 제2부정과거 직설법에 붙었던 접두모음 '엡실

론'이 떨어진 것은 지금 직설법이 아니고 분사이기 때문이다. 직설법 변화표(십자표) 제2시상에 붙였던 접두모음 '엡실론'은 직설법에서만 사용되고 이곳에서처럼 분사, 부정사 등이 될 경우에는 탈락된다.

*2 분사 바로 앞에 관사가 붙으면 명사를 수식해 주는 형용적 용법이지만 이곳에서처럼 관사가 없으면 시간을 나타내는 부사적 용법이다. 현재분사는 동시적 상황을 나타내서 '...하고 있을 때' 혹은 '...하면서'라고 해석하고 부정과거분사는 앞선 시제를 나타내서 '...한 후'로 해석한다. 여기서는 제2부정과거이므로 '취한 후'로 해석한다.

*3 전치사 다음에 나오는 명사의 격은 그 격의 원래의 의미를 상실한다.

*4 ἐξέρχομαι는 데포넌트(deponent) 동사이다. 즉 원형이 중간태/수동태 어미를 취하지만 능동태로 해석되는 동사이다. 하지만 그것의 제2부정과거형은 원형이 ἐξῆλθον이다. 이것의 어미는 정석대로 직설법 미완료과거 능동태를 따르고 있다. 따라서 제2부정과거형을 파싱(동사분석)할 때는 데포넌트가 아니라 능동태라고 파싱한다. 파싱에서 데포넌트 여부는 동사의 원형이 아니라 그 시제의 원형을 보고 결정한다. 그것은 파싱의 기본 용도가 본문에 등장한 변화형을 보고 그 동사의 주소를 말해 주는 것이기 때문이다.

227 독해연습 11(1)

이제부터는 성경 본문을 직접 다루어보도록 한다. 이 본문들에 대한 보다 자세한 설명은 필자의 책 『신약성경 헬라어 강독』을 참조하기 바란다.

요한일서 5:12

ὁ ἔχων τὸν υἱὸν ἔχει τὴν ζωήν· ὁ μὴ ἔχων τὸν υἱὸν τοῦ θεοῦ τὴν ζωὴν οὐκ ἔχει.

	설명	해석
ὁ ἔχων	ἔχω '내가 가지다' 의 현재 능동태 분사 남성 단수 주격 '가지고 있는'	가지고 있는 자는 *1
τὸν υἱὸν	υἱός '아들' 의 남성 단수 목적격	그 아들을
ἔχει	ἔχω '가지다' 의 현재 능동태 직설법 3인칭 단수 '(그가) 가기고 있다'	(그가) 가지고 있다
τὴν ζωήν·	ζωή '생명' 의 여성 단수 목적격	생명을 *2
전체해석: 그 아들을 가지고 있는 사람은 생명을 가지고 있다.		

*1 관사 + 현재분사 = ...을 하고 있는 자는

*2 마지막의 구두점은 콜론(:) 혹은 세미콜론(;)에 해당한다.

	헬라어	영어
1	□.	.
2	□,	,
3	□·	:, ;
4	□;	?

228 독해연습 11(2)

	설명	해석
ὁ μὴ ἔχων	ἔχω '내가 가지다' 의 현재 능동태 분사 남성 단수 주격 '가지고 있는'	가지고 있지 않은 자는 *
τὸν υἱὸν	υἱός '아들' 의 남성 단수 목적격	아들을
τοῦ θεοῦ	θεός '하나님' 의 남성 단수 소유격	하나님의
τὴν ζωὴν	ζωή '생명' 의 여성 단수 목적격	생명을
οὐκ ἔχει.	ἔχω '내가 가지다' 의 현재 능동태 직설법 3인칭 단수 '그가 가지고 있다'	(그가) 가지고 있지 않다. *
전체해석: 하나님의 아들을 가지고 있지 않은 자는 생명을 가지고 있지 않다.		

* 헬라어에서 '...가 아니다'(not)라는 뜻의 단어들은 다음과 같다.

	종류	뒤에 오는 철자	예
직설법	οὐ	+ 자음	οὐ μένω. 나는 머무르지 않는다.
	οὐκ	+ 모음(약기식)	οὐκ ἔχω. 나는 가지고 있지 않다.
	οὐχ	+ 모음(강기식)	οὐχ ἁμαρτάνω. 나는 범죄하지 않는다.
	οὐχι	강세형	
기타	μή	구분 없음	직설법 이외의 모든 법 (부정사, 가정법, 분사, 명령법, 희구법 등)

229 독해연습 12(1)

요한일서 4:7

'Αγαπητοί, ἀγαπῶμεν ἀλλήλους, ὅτι ἡ ἀγάπη ἐκ τοῦ θεοῦ ἐστιν, καὶ πᾶς ὁ ἀγαπῶν ἐκ τοῦ θεοῦ γεγέννηται καὶ γινώσκει τὸν θεόν.

	설명	해석
'Αγαπητοί,	ἀγαπητός, ή, όν '사랑하는, 친애하는' 의 남성 복수 주격/호격	사랑하는 자들아! (여기서는 호격)
ἀγαπῶμεν	ἀγαπάω '사랑하다' 의 현재 능동태 가정법 1인칭 복수 "(우리) 사랑하자!"	(우리) 사랑하자 *1
ἀλλήλους,	상호대명사, '서로서로를'	서로서로를 *2
전체해석: 사랑하는 자들아! 서로서로를 사랑하자.		

*1 가정법의 용법 중에서 청유형이다.

청유형	- ωμεν (현재 가정법 어미)	... 하자!	연속적 동작
	- σωμεν (부정과거 가정법 어미)	... 하자!	단회적 동작

*2 상호대명사

G	ἀλλήλων	서로서로의
D	ἀλλήλοις	서로서로에게
A	ἀλλήλους	서로서로를

230 독해연습 12(2)

	설명	해석
ὅτι	왜냐하면	왜냐하면 *
ἡ ἀγάπη	ἀγάπη '사랑' 의 여성 단수 주격	사랑은
ἐκ τοῦ θεοῦ	(전치사) + 소유격 = ...로부터 θεός '하나님' 의 남성 단수 소유격	하나님으로부터
ἐστιν,	εἰμί '...이다' 의 현재 능동태 직설법 3인칭 단수 '(그는) ...이다'	...이다.
전체해석: 왜냐하면 사랑은 하나님께로부터이기 때문이다.		

* ὅτι 바로 앞에 쉼표가 있으므로 '왜냐하면'으로 해석된다. 쉼표가 없는 경우에는 'I think that it is good.'의 that으로 해석된다.

231 독해연습 12(3)

	설명	해석
καὶ πᾶς	접속사 '그리고' πᾶς, πᾶσα, πᾶν '모든'의 남성 단수 주격	그리고 모든
ὁ ἀγαπῶν	ἀγαπάω '사랑하다'의 현재 능동태 분사 남성 단수 주격 '사랑하는 자'	사랑하는 자는
ἐκ τοῦ θεοῦ	(전치사) + 소유격 = ...로부터 θεός '하나님'의 남성 단수 소유격	하나님으로부터
γεγέννηται	γεννάω '낳다'의 완료 수동태 직설법 3인칭 단수 '(그가) 출생했다'	'(그가) 출생했다' *
전체해석: 그리고 모든 사랑하는 자는 하나님으로부터 출생했다.		

* γεννάω의 어간이 '알파'로 끝나는데 본문의 어미 '타이' 앞 철자가 '애타'인 것은 어미가 자음으로 시작될 때 어간의 마지막 모음은 장모음화 된다는 원칙 때문이다. 그런데 '알파'는 장모음과 단모음을 모두 '알파'로 표기한다. 따라서 원래 단모음이었던 어간의 '알파'가 장모음화 되었다는 것을 드러내기 위해 '애타'로 바꾸어 표기한다.

232 독해연습 12(4)

	설명	해석
καὶ γινώσκει	γινώσκω '알다' 의 현재 능동태 직설법 3인칭 단수 '(그가) 안다'	그리고 그는 안다.
τὸν θεόν.	θεός '하나님' 의 남성 단수 목적격	하나님을
전체해석: 그리고 그는 하나님을 안다.		

233 독해연습 13(1)

마태복음 6:33

ζητεῖτε δὲ πρῶτον τὴν βασιλείαν τοῦ θεοῦ καὶ τὴν δικαιοσύνην αὐτοῦ, καὶ ταῦτα πάντα προστεθήσεται ὑμῖν.

	설명	해석
ζητεῖτε	ζητέω '구하다' 의 현재 능동태 명령 2인칭 복수 '너희는 구하라'	'너희는 구하라'
δὲ	접속사(후치사), '그러나, 그리고' (약한 의미)	그리고
πρῶτον	πρῶτον 부사, '제일 먼저'	제일 먼저
τὴν βασιλείαν	ἡ βασιλεία '나라' 의 여성 단수 목적격	나라를
τοῦ θεοῦ	θεός '하나님' 의 남성 단수 소유격	하나님의
καὶ τὴν δικαιοσύνην	ἡ δικαιοσύνη '의로움,' '정의,' '의' 의 여성 단수 목적격	그리고 의를
αὐτοῦ,	인칭대명사, 3인칭 단수 소유격	그의
전체해석: 그리고 너희는 제일 먼저 하나님의 나라와 그의 의를 구하라!		

234 독해연습 13(2)

	설명	해석
καὶ	'그리고,' 명령형 뒤에서는 '그리하면'	그리하면
ταῦτα	οὗτος, αὕτη, τοῦτο 지시대명사 '이것' 의 중성 복수 주격	이것들이 *1
πάντα	πᾶς, πᾶσα, πᾶν '모든' 의 중성 복수 주격	모든 것들이 *1
προστεθήσεται	προστίθημι '더하다' 의 미래 수동태 직설법 3인칭 단수 '(그것이) 더해질 것이다.'	(그것이) 더해질 것이다 *2
ὑμῖν.	인칭대명사, 2인칭 복수 여격	너희에게
전체해석: 그리하면 이 모든 것들이 너희에게 더해질 것이다.		

*1 '타우타'와 '판타' 모두 중성 복수 주격과 목적격의 형태가 같다. 한글 성경("이 모든 것을 너희에게 더하시리라")에서는 '이것들'이 목적어로 되어 있는데 헬라어 원문에서는 주어이다. 왜냐하면 동사가 '더해질 것이다'이기 때문이다.

*2 주어가 '중성' 복수일 때는 단수형의 동사를 사용한다. 오직 중성일 때만 그렇다.

235 독해연습 14(1)

요한복음 3:16

Οὕτως γὰρ ἠγάπησεν ὁ θεὸς τὸν κόσμον, ὥστε τὸν υἱὸν τὸν μονογενῆ ἔδωκεν, ἵνα πᾶς ὁ πιστεύων εἰς αὐτὸν μὴ ἀπόληται ἀλλ' ἔχῃ ζωὴν αἰώνιον.

	설명	해석
Οὕτως	부사, '이와 같이,' '이렇게'	이와 같이 *1
γὰρ	후치사, '왜냐하면' (뜻이 강하지 않다)	왜냐하면
ἠγάπησεν	ἀγαπάω '사랑하다' 의 부정과거 능동태 직설법 3인칭 단수 '(그가) 사랑했다'	(그가) 사랑했다 *2
ὁ θεὸς	'하나님' 의 남성 단수 주격	하나님께서
τὸν κόσμον,	κόσμος '세상' 의 남성 단수 목적격	세상을
전체해석: 왜냐하면 하나님께서 세상을 이와 같이 사랑하셔서		

*1 주어가 아니라 '이와 같이'라는 부사가 문장 제일 앞에 나와서 하나님의 사랑을 강조한다.

*2 ἠγάπησεν

① 제2시상 접두모음 '엡실론'과 '알파'가 결합하여 '애타'가 되었다.

② 어미 '시그마' 앞에서 어간의 마지막 모음 '알파'가 장모음 '애타'로 변했다.

③ 마지막에 붙은 자음 '뉘'는 그 다음 단어('호')가 모음으로 시작되기

때문에 붙은 것이다.

우리 말에서는 '호'가 자음 '히읗'으로 시작된다고 보지만 헬라어에서는 강기식은 자음으로 취급되지 않는다.

236 독해연습 14(2)

	설명	해석
ὥστε	접속사, '그래서,' '그 결과'	그래서
τὸν υἱὸν	υἱός '아들'의 남성 단수 목적격	아들을
τὸν μονογενῆ	μονογενής, ές '유일한(only),' '독특한(unique)'의 남성 단수 목적격	유일한 *1
ἔδωκεν,	δίδωμι '주다'의 부정과거 능동태 직설법 3인칭 단수 '(그가) 주었다.'	(그가) 주었다. *2
전체해석: 그래서 그가 외아들을 주셨다.		

*1 형용사 어미가 두 가지만 나올 경우 첫 번째 것이 남성, 여성, 두 번째 것이 중성이다.

*2 불규칙적인 형태의 경우 각 시제의 원형을 외워주어야 한다. 부정과거의 시제원형이 ἔδωκα이다. 완료 능동태 어미처럼 변한다.

237 독해연습 14(3)

	설명	해석
ἵνα	접속사, '...하기 위하여'	... 하기 위하여
πᾶς	'모든' 의 남성 단수 주격	모든
ὁ πιστεύων	πιστεύω '믿다' 의 현재 능동태 분사 남성 단수 주격 '믿는 자는'	믿는 자는 *1
εἰς αὐτὸν	(신앙의 대상으로서) 그를	그를 *2
전체해석: 그를 믿는 모든 자는 ...하도록 하기 위하여		

*1 '관사 + 현재분사'는 '...하는 자'라고 해석한다. '관사 + 부정과거분사'는 '...한 자'이다.

*2 πιστεύω 동사의 용법

πιστεύω 동사를 사용하여 믿는 대상을 표현할 때 몇 가지 방법이 있다. 그런데 그 때마다 의미가 약간씩 다르다.

① πιστεύω + 여격	신뢰한다는 의미가 강함
② πιστεύω + εἰς + 목적격	신앙의 대상으로 믿는다는 의미가 강함
③ πιστεύω + ἐπί + 목적격	신앙의 대상으로 믿는다는 의미가 강함

본문은 ②의 경우이다. 따라서 그 의미는 단순히 신실한 자로서 신뢰한다는 것이 아니라 신앙의 대상으로 믿는다는 것이다.

238 독해연습 14(4)

	설명	해석
μὴ	...가 아니다(not), 직설법 이외에서 사용됨 여기서는 'not A but B' (A가 아니라 B)의 not에 해당	...하지 않고
ἀπόληται	ἀπόλλυμι '(중간태) 멸망하다' 의 부정과거 중간태 가정법 3인칭 단수 '(그가) 멸망하(도록)'	'(그가) 멸망하(도록)' *
ἀλλ'	접속사, '그러나' 여기서는 'not A but B' 의 but에 해당	...하도록
ἔχῃ	ἔχω '가지다' 의 현재 능동태 가정법 3인칭 단수 '(그가) 가지(도록)'	'(그가) 가지(도록)'
ζωὴν	ζωή '생명' 의 여성 단수 목적격	생명을
αἰώνιον.	αἰώνιος, ον '영원한' 의 여성 단수 목적격	영원한
전체해석: 그가 멸망하지 않고 영원한 생명을 갖도록		

* 앞에 나온 '히나' 때문에 가정법 어미가 사용되었다.

* 이 단어는 불규칙한 변화를 가지므로 그대로 외워 주어야 한다.

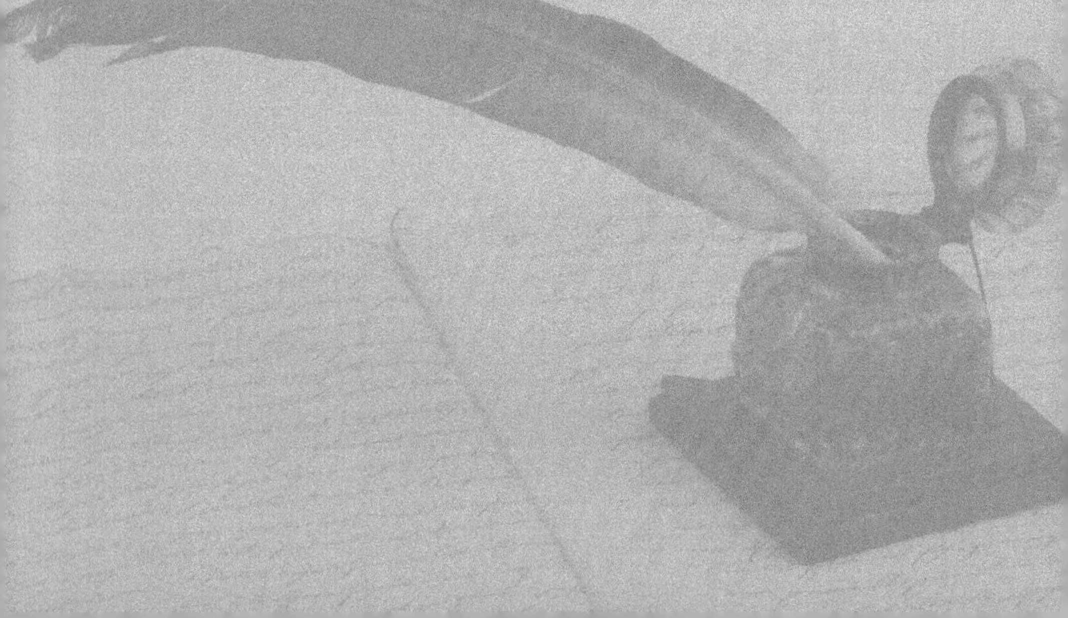